JN410782

叢桂堂
詩集

叢桂堂詩集

鄭之升 著
尹浩鎭 譯

문예원

책을 펴내며

총계당叢桂堂 정지승鄭之升은 우리 한문학사에서 특이한 위치에 있는 사람이다. 그는 일찍이 백광훈白光勳, 최경창崔慶昌, 이달李達 세 사람의 삼당시인三唐詩人과 동등한 위치에 있는 것으로 평가되었고, 백광훈 대신 삼당시인의 한 사람으로 일컬어졌다. 『이순록二旬錄』의 저자 구수훈具樹勳은 그를 삼당 시인의 한 사람이라 하였다.

그리고 그는 을사사화를 일으킨 장본인 중의 한 사람인 정순붕鄭順朋의 손자로 세상에 나아가 뜻을 펼 수가 없었다. 따라서 그는 일찍이 전북 진안의 용담龍潭에 은거하여 살았다. 이곳에 살던 그의 모습은 매우 신이하게 묘사되어 있다.

특히 그는 이곳에 큰 거북을 타고 다녔으며, 거북이 평소에는 바위 굴 속에 들어가 있다가 정지승이 외출을 할 때면 나왔다고 한다. 그러다가 정지승이 비교적 젊은 나이에 세상을 떠나게 되자, 굴에서 나와 크게 울부짖고는 어디론가 자취를 감추었다고 한다. 정지승의 시와 이러한 신이한 행적을 알 수 있는 자료는 널리 알려지지는 않았지만, 바로 그의 시문을 모아놓은 『총계당시집』이다.

『총계당시집』은 곧 정지승의 유고시문집인데, 시문집이라고는 하지만 산문은 거의 없고 시가 주를 이루고 있다. 시도 아마도 정지승이 평생 지은 시의 일부만 수록된 것으로 보인다. 시가 많지 않으며 백호白湖 임제林悌와 같은 일부 지인들의 문집에 수록된 창화시唱和詩 가운데 정지승이 주고 받은 시가 있어야 하지만, 보이지 않는 것 등 유일되어 전하지 않는 정황이 뚜렷하기 때문이다.

이 시집은 또한 정지승 사후 많은 세월이 지난 뒤 근래에 와서 연활자본으로 간행이 된 것이다. 이러한 여러 가지 점에서 이 시집은 그리 큰 가치를 갖지 못하는 것처럼 인식이 될 수도 있을 것이다. 하지만, 이 시집은 이러한 몇 가지 점에도 불구하고 정지승이 문학사에서 차지하는 비중에 비추어 매우 소중한 위치에 있는 것이다.

따라서 필자는 이 책과 이 책에 드러난 정지승 시의 특징에 대해 두 편의 논문으로 발표한 바 있으며, 이 두 편의 논문은 이 책의 앞머리에 다시 수록하여 독자의 편의를 도모하였다. 이제 이에서 더 나아가 이 책을 번역하여 세상에 소개하는 데에 이르렀다. 이 책의 번역은 삼당시인의 한사람으로까지 높은 평가를 받았던 정지승 시세계를 직접 보여줄 뿐만 아니라, 정지승에 관한 여러 기록을 통하여 그의 생애와 사상 등을 이해하는 데에도 도움이 될 것이다.

번역은 『총계당시집』(한국문집총편수록본)을 중심으로 하였으며, 여기에 정지승 주변 인물들의 문집에 흔적이 남아 있는 수창시도 가능한 찾아내어 수록하고자 하였다. 이 책을 출간을 맡아주신 문예원의 홍종화 사장님께 감사드리며, 편집부 여러분의 노고에 감사드린다. 공을 들여 번역하고 또 교정을 보았지만, 여러 가지로 부족한 점이 많아 잘못된 부분이 아직도 있으리라 생각된다. 강호 제현의 질정을 바란다.

2015년

尹浩鎭 謹識

차례

五言律詩

七言絶句

五言絶句

補遺

일러두기

□ 이 책은 정지승鄭之升의 시집과 부록으로 이루어져 있다.

□ 정지승의 시집은 1962년 연활자본으로 간행된 『북창고옥양선생문집北窓古玉兩先生文集』에 합간된 『총계당시집叢桂堂詩集』이다.

□ 부록은 『총계당시집』에 수록되지 않은 정지승의 작품이나 정지승 관련 자료는 제가의 문집 등에서 가능한 찾아 수록하였다.

□ 번역은 직역을 위주로 하되 필요한 경우 의역을 하였다.

□ 이 책에 사용된 부호는 다음과 같다.

_ 『겹낫표』는 서적명 · 총서명 · 원전 · 단행본 · 신문명… 등

_ 「낫표」는 글명 · 논문명 · 편명 · 조명 · 기사명… 등

_ "큰따옴표"는 직접인용 또는 대화문, 속담 등

_ '작은따옴표'는 강조

論 文

叢桂堂 鄭之升과 그의 漢詩
鄭之升 시의 唐詩的 特徵

論文

叢桂堂 鄭之升과 그의 漢詩*

1. 머리말

총계당叢桂堂 정지승鄭之升은 지금의 우리에게 그리 생소한 인물이 아니지만, 그렇다고 아주 낯익은 인물도 아니다. 문학사에서 그에 대해 약간의 언급이 있고, 역대 각종의 시선집에서 그의 시를 선집한 것을 볼 수 있지만, 그의 시학사적 위지에 비해 연구자들의 연구는 그리 많지 않다.[1] 하지만 그는 활동하던 당시에 임제林悌, 이호민李好閔, 이달李達 등 당시의 명가들과 교유를 하였으며, 특히 임백호와는 절친하게 지냈던 것으로 보인나.

* 이 글은 『한문학보』 18집(우리한문학회, 2008)에 수록되었던 것이다.

1 정지승과 그의 문학, 그리고 그의 행적에 관한 논문으로는 다음과 같은 것이 있다. 정재서, 「鄭之升의 祭天臺를 찾아서」(『오늘의 동양사상』 4, 2001.3); 전송열, 「총계당 정지승의 삶과 시세계」(『열상고전연구』 제14집, 2001.12); 김은정, 「정지승의 삶과 시세계」(『한국한시작가연구』 7권, 2002.1); 정상균, 「언어와 문학-鄭之升의 시 「汀洲卽事」 분석을 중심으로-」(『한국언어문화학』 제2권 제1호, 2005.5); 朴秉益, 「叢桂堂 鄭之升의 詩 研究」(『한국문학연구』 제30집, 2006.6).

이가원李家源은 그의 『한국한문학사』에서 일반적으로 알려진 삼당파 시인들인 최경창崔慶昌, 백광훈白光勳, 이달李達의 뒤에 네 번째로 정지승을 소개하고 있다. 그는 여기에서 구수훈具樹勳의 『이순록二旬錄』을 비롯하여 『어우야담於于野談』, 『국조시산國朝詩刪』 등의 문헌을 인용하여 정지승이 당시파의 한 사람으로 당대 사람들에게 평가를 받았던 내용을 인용하고 있다. 특히 『이순록』에 담긴 내용을 통하여 백광훈 대신 그가 이달, 최경창과 함께 삼당이라 일컬어졌음을 소개하였다.

그는 이처럼 당시 삼당시인의 한 사람으로 소개되기도 하고, 중국 사람에 의해 편찬된 조선의 시집에도 시가 수록될 정도로 당대를 대표하는 사람 가운데 하나였으나, 앞서 살펴본 바와 같이 문학사 등에서 그에 대한 인식은 충분하지 않으며, 최근에 조선 중기의 시인에 관한 저작이 출간되거나 발표된 것에도 정지승에 대한 것은 그리 많지 않다.

다만 최근 들어 정지승에 관한 몇 편의 연구논문이 나왔는데, 정지승의 한시에 관한 것이 대부분이다. 특히 정상균과 박병익의 글은 정지승의 한시에 관한 것인데, 특히 정상균의 글은 「정주즉사」라는 한 편의 시를 분석한 것에 지나지 않는다. 김은정과 전송열이 정지승의 삶과 문학을 아울러 논하였는데, 김은정의 글에서는 그의 삶을 다루고는 있지만 생애부분은 지나치게 소략하며, 전송열의 글에서는 정지승의 삶이 비교적 자세하게 다루어져 있다. 하지만, 전송열도 자료가 충분하지 않아 생애를 자세히 살피지 못하고 용담의 회계산에 들어가 있었을 때의 기간에 대해 생애의 대부분을 할애하여 소개하는 정도이다.

그러나 정지승의 생애를 살핌에 중요한 것은 그가 길지 않은 생애를 살았음에도 불구하고, 한편으로는 가맥을 잇고 다른 한편으로는 학맥을 전수하여 위로는 정렴에서부터 아래로 정두경에 이르기까지의 가맥과 학맥을 이어주는 가교 역할을 하였다는 점에 유의해야 한다. 그리고 그의 삶이 단순히 도선적인 특징을 보이는 것을 소개만 해서는 부족하고, 그의 신이한 행적에 대해 어떻게 평가할 것인가 등에 대한 고찰이 있어야 할 것이다.

기존의 연구자들은 대부분 그의 시집인 『총계당시집』과 그것에 대한 기초 연구에 자세한 관심을 기울이지 않았다. 『총계당시집』이 언제 어떻게 편집·간행되었고, 그 안에는 어떠한 것이 실려 있으며, 그 특징은 무엇인가 하는 등의 기초적인 사실에 대해서는 대부분의 연구자들이 소홀히 한 느낌이다.

현전하는 『총계당시집』에는 그의 시를 비롯하여 제가의 서문 및 각종 기술에 정지승에 대한 언급이 있고, 또 뒤에 수록이 되어 있는 생애자료인 행록, 그리고 위당 정인보의 묘표에 그리 상세하다고는 할 수 없지만 그의 생애에 관한 자료가 제법 있으며, 이러한 것을 활용하여 정지승의 가계와 생애, 그리고 『총계당시집』의 간행과 내용에 대한 충분한 소개를 하는 것은 앞으로 연구자가 정지승에 관한 연구를 더욱 탄탄히 할 수 있는 기초를 마련할 수 있을 것이다.

2. 정지승鄭之升의 가계家系와 생애生涯

1) 정지승鄭之升의 가계家系와 학맥學脈

정지승鄭之升의 가계家系에 대해 살필 수 있는 것으로는 『북창시집』의 부록에 실려 있는 정렴鄭𥖝의 묘표가 있다. 이 글은 정렴의 6세손으로 이조판서를 지낸 정광한鄭光漢이 지은 것인데, 정렴과 정작鄭碏의 세계를 윗대에서부터 후손에 이르기까지 자세히 정리하였다.

정지승의 생애에 관한 직접적인 자료로는 그의 시집인 『총계당시집叢桂堂詩集』에 부록으로 실린 「행록行錄」과 조선후기 성해응成海應의 『연경재전집硏經齋全集』 卷55 「초사담헌草榭談獻」 2에 수록된 「정지승鄭之升 · 이지번李之蕃」, 그리고 정인보鄭寅普가 찬한 「총계당叢桂堂 정공鄭公 묘표墓表」가 있다. 이밖에 간접적인 자료로는 『총계당집』의 서발과 부록의 「제가기술諸家記述」에 수록된 글에 산발적으로 보이는 자료와 여기에서 누락된 기타의 자료에서 부분적으로 보이는 것이다.

이 가운데 「행록」이 가장 자세하기는 하지만, 이것도 모두 해야 276자에 지나지 않는 짧은 것으로 정지승의 생애를 자세히 알기에는 부족하다. 이것 이외에는 성해응成海應의 「정지승鄭之升 · 이지번李之蕃」이 비교적 자세하기는 하지만, 이것도 182자에 불과하다. 「행록」은 누가 정리한 것인지 드러나 있지는 않지만 초기의 것으로는 비교적 긴 편이고, 성해응의 것도 비록 이지번의 내용과 함께 있기는 하지만, 이전의 정지승의 생애에 관한 내용을 압축해 놓은 것이며, 정인보의 묘표가 정지승의 자료로 단일하게 전하는 것으로는 가장 긴 것이다. 하지만 이것들은 모두 내용이 소략하여 정지승의 생애를 알기에는 충분하지 않다. 여기에서는 「행록」과 「정지승鄭之升 · 이지번李之蕃」, 「묘표」 그리고 이들 이외의 기타 자료를 참고로 하여 정지승의 생애를 살펴보기로 한다.

정지승鄭之升의 본관은 온양溫陽으로, 자는 자신子愼이며, 호號는 총계당叢桂堂이라 하였고, 또다른 호는 회계산인會稽山人이라 하였다. 정지승은 가정 경술년(1550)에 태어나 기축년(1589)에 온양의 시골집에서 돌아가니 향년이 40이었다.

그의 할아버지 정순붕鄭順朋은 정렴鄭磏, 정적鄭磧, 정담鄭磹, 정현鄭礥, 정작鄭碏의 다섯 아들을 두었는데,[2] 정지승은 셋째인 십죽헌十竹軒 정담과 능성 구씨의 사이에서 둘째 아들로 태어났다. 형 지항之恒은 요절하였고, 정지승은 숙부인 만죽헌萬竹軒 정현에게 입계하였으며, 아우 지겸之兼이 가계를 지켰다. 정지승은 신여량申汝櫟의 딸인 고령 신씨에게 장가들어 정회鄭晦와 정시鄭時 두 아들을 두었고, 재취 부인인 안동 권씨에게서 정민鄭旼을 두었다.[3] 정회는 팽경彭卿, 두경斗卿, 인경麟卿 등의 5남을 두었고, 정시는 정염의 아들 지복之復에게 입계하였다.

정염은 진주 유씨와의 사이에서 지복之復과 지림之臨의 2남과 1녀를 두었으나 지복과 지림 모두 아들이 없어 첫째 아들 지복之復이 정지승의 둘째 아들인 정시를 입계하였다. 그러나 정시도 아들이 없어 정지승의 첫째 아들인 정회의 셋째 아들 인경을 입계하였다. 이렇게 보면 정지승은 비록 40여 세 밖에 살지 못하였지만, 정담의 아들로 정현의 가계를 잇고, 그 아들과 손자 대에 가서는 정염의 가계까지도 이어간 것을 볼 수 있다. 여러 문헌을 바탕으로 정순붕으로부터 정두경에 이르는 가계를 정리하면 다음과 같다.

2 전송열은 『총계당 정지승의 삶과 시세계』에서 磏, 磧, 磹, 礥, 碏, 磌의 6자를 두었다고 하였으나, 하지만 『정렴의 5세손 基安이 쓴 「유사」에는 "北窓公兄弟凡五人"이라 하였으며, 『文科榜目』의 鄭碏 조에도 정작까지 다섯 아들만 소개되어 있다.

3 이 내용은 李珥, 『栗谷先生全書』 卷17 「內資寺僉正申公墓碣銘」에서 확인이 되는데, 정지승은 신여량의 재취 부인인 광주김씨 소생 2남 3녀 가운데 셋째 딸과 결혼하였다고 기록되어 있다.

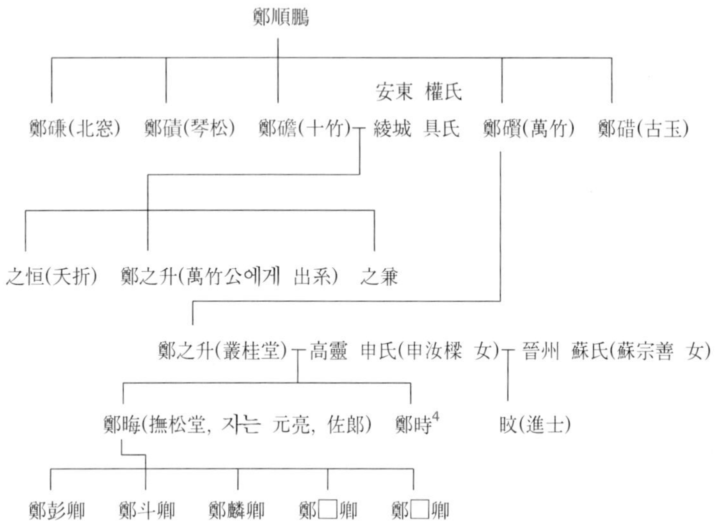

이상에서 보듯 정순붕은 아들 다섯이 있었으나, 후사가 이어진 것은 정지승의 부모 소생의 자손만이 성하였다고 한다. 집안에서는 북창 정염이 이와 같은 일이 일어날 것을 미리 알고 자신의 어린 제수를 공경히 대하였고, 어린 제수에게 지나치게 공경하는 자세를 보이는 정렴의 이러한 태도를 민망히 여겨 사람들이 그 까닭을 물으니, 정렴은 이 제수의 자손이 집안을 이어갈 것이라고 하였다는 다음의 일화가 전한다.

> 北窓先生이 일찍이 아우 十竹軒의 繼配인 具夫人이 출입을 할 때면 문득 일어나서 공경히 인사를 하였다. 십죽헌이 북창보다 11살

4 성혼이 지은 신여량의 묘갈명에는 정지승의 부인이 고령 신씨만 기록이 되어 있고 아들이 鄭崎・鄭竝으로 되어 있다.

어리니, 그의 계비의 나이는 자녀뻘이라는 것을 알 수 있다. 구부인이 크게 안절부절 하며 몰둘 바를 몰라 했다. 집안 사람들이 이상히 여겨 그 까닭을 물으니, 북창이 말하기를, "우리 집안의 혈통은 이 제수씨 덕분에 끊어지지 않을 것이니, 인사를 드리지 않을 수 있겠는가?"라고 하였다. 그 뒤에 부인이 총계당을 낳았는데, 총계공은 두 아들을 두었고, 또 處士公을 낳았다. 처사공은 두 아들을 두었다. 지금 정씨 문중에서 남아 전하는 사람은 모두 구부인의 자손이다. 북창의 말이 이때에 맞아 떨어졌다.[5]

정지승의 생부인 십죽헌 정담의 첫째 부인은 안동 권씨로 권찬權潔의 따님이었으나, 딸 하나만을 남기고 일찍 죽었다. 구씨 부인은 바로 두 번째 부인으로 구순具淳의 딸인데, 3남3녀를 낳았다. 첫째 아들은 장가들기 전에 일찍 죽었고, 둘째가 바로 정지승이다. 그런데 정지승은 위에서처럼 비교적 이른 나이 40에 죽었지만, 그의 자손들이 이 집안의 후사를 이어갔을 뿐만 아니라, 시학을 맥을 이어갔다.

정염과 정작의 시학은 정지승에게 이어졌고, 정지승의 시학은 다시 그의 손자인 정두경에게서 꽃피우게 된다는 점에서 주목되는 것이다. 이러한 사실에 대해 성해응도 일찍이 "정지승은 모습이 밝았

5 鄭磏, 『北窓詩集』 「附錄」 「諸家記述」(1962) "北窓先生, 嘗於舍弟十竹軒繼配具夫人之出入, 輒起而致敬, 十竹軒少北窓十一歲, 則其繼配之年, 在子女行, 可知也. 具夫人大踧踖不自安, 家人怪詰其故, 北窓曰, '吾家血屬, 當賴此嫂而不絶, 可不致敬乎?' 其後夫人生叢桂堂, 叢桂公有二子, 又生處士公, 處士公有二子, 今鄭門祖免之屬, 皆具夫人之後也. 北窓之言, 於是驗焉. 世之長老, 多傳此言, 家間流亦如此云爾." 이 내용은 『북창집』 부록 「諸家記述」 가운데 柳夢寅의 기록에서 나왔다고 하였으나, 유몽인의 『어우집』 및 『어우야담』에는 보이지 않는다. 다만, 『북창집』의 부록에 실려 있는 5세손 基安이 지은 「遺事」에 집안의 어른들에게 익숙하게 들은 이야기라고 하며 이와 같은 내용을 전하고 있는 것을 볼 수 있다.

으며, 시를 잘 지었다. 오봉五峰 이호민李好閔, 백호白湖 임제林悌보다도 이름이 났다."이라 하고 이어서 "그의 손자 동명東溟 정두경鄭斗卿이 있는데, 또한 시로 이름이 났다."[6]이라 한 것을 볼 수 있다. 이를 통하여 볼 수 있는 바와 같이 정지승은 위로는 정렴과 정작의 박학과 기행을 잇고, 아래로는 손자에게 시문을 전해준 것을 알 수 있다.

이처럼 가맥을 잇는데 중요한 역할을 했을 뿐만 아니라, 정지승은 당대의 명사들과도 인척관계를 맺고 있었다. 정지승에 대해 칭찬을 아끼지 않았던 우계牛溪 성혼成渾은 정지승과 동서간이다. 정지승은 앞서 말한 바와 같이 신여량申汝樑의 딸에게 장가를 들었는데, 성혼도 신여량의 초취 부인인 동래東萊 정씨鄭氏 소생 1남 3녀 가운데 셋째 딸과 결혼하여 일남一男 이녀二女를 두었다고 하였다. 이러한 내용은 이 내용은 성혼이 장인인 신여량의 묘지를 손수 짓고, 묘갈명을 벗 이이에게 부탁하여 율곡栗谷 이이李珥가 지은 「내자시첨정신공묘갈명內資寺僉正申公墓碣銘」[7]이라는 글에 보인다.

현곡玄谷 조위한趙緯韓이 성혼을 뵙고 묻기를, "선생께서는 어찌하여 총계당叢桂堂의 시를 이와 같이 칭찬하십니까?" 하니, 성혼이 말하기를, "세상 사람들은 다만 정공鄭公의 시만 알고 그의 학술의 정미함과 역량의 웅대함을 알지 못하니, 하늘이 만약 그의 수명을 연장해 주었다면 문장과 덕업의 성취됨을 어찌 측량할 수 있겠는가. 비록 제갈공명諸葛孔明과 왕경략王景略에게 비하더라도 많이 뒤지지 않을 것이다."라고 한 말을 듣고 조위한은 다시 "나는 우계의 말씀을 듣고 비로소 총계당의 인품을 알았다."고 말한 내용이 전한다. 이런

6 成海應, 『研經齋全集』 卷55 「草榭談獻」 2 「鄭之升, 李之蕃」 "之升狀貌瑩然, 善爲詩, 與李五峯好閔 · 林白湖悌遊, 名出其上." "其孫曰斗卿號東溟, 亦以詩名."

7 李珥, 『栗谷全書』 卷17.

사실을 통하여 성혼이 정지승에 대해 평을 한 것이 우연이 아니었음을 알 수 있다.[8]

그리고 어우於于 유몽인柳夢寅은 신여량의 초취 부인인 동래 정씨 소생 아들 식栻의 2녀 가운데 둘째 딸과 결혼하였으니, 성혼의 처조카 사위이면서 동시에 정지승의 처조카 사위가 된다. 『어우야담』에서는 유몽인은 "그의 장인이었던 덕천 군수는 내 처의 조고 신여량이다."[9]이라 하였다.

그리고 유몽인에 대해서는 후대에 유몽인이 정지승의 둘째 아들 조대 정시를 위해 지은 「한벽당기寒碧堂記」를 부록으로 수록하면서 저자를 밝히지 않았던 점이나, 유몽인의 저작에서 정지승과 관련된 글을 수록한 「제가기술諸家記述」에서 유몽인의 이름을 적극적으로 밝히지 않았던 것 등에서 볼 수 있는 바와 같이 유몽인이 인조반정 이후에 모역죄로 죽음을 당한 까닭으로 꺼려했던 것을 알 수 있다. 하지만, 유몽인이 『어우야담』에서 직접 말한 바와 같이 그들은 서로 처삼촌과 처조카 사위의 인척관계에 있어 서로를 잘 알았던 처지였던 것이다.

이규경은 정지승에 대해 "스승의 전수 없이 여러 책에 흩어져 나오는 것으로는 남주南趎·최당崔湯·장세미張世美·강귀천과 단양丹陽의 이인異人, 이광호李光浩·갑사岬寺에 사는 중괴, 김세마金世麻·문유채文有彩·정지승鄭之升·이정해李廷楷·곽재우·김덕량金德良·이지함·정두鄭斗 등 여러 사람인데, 듣고 보는 대로 기록하였

8 이 내용은 『玄谷集』과 『牛溪年譜補遺』 제1권 答問에 모두 실려 있다. 이 내용은 成海應, 『研經齋全集』 卷55 「草榭談獻」 2 「鄭之升, 李之蕃」에서도 "牛溪成先生日, 鄭公豈詩人而已, 其學精微而力量雄偉, 盖諸葛孔明·王景略之流亞也."라 한 것을 살필 수 있다.

9 柳夢寅, 『於于野談』(柴貴善, 李月英 飜譯, 『어우야담』, 한국문화사, 2004, 102~104쪽) "其舅德川郡守, 乃余妻祖考申汝樑也."

기 때문에 산만하여 차서가 없다."[10]라고 하였으니, 정지승은 스승 삼는 바가 없이 홀로 공부를 하였다고 하겠는데, 그는 유일하게 강주姜籒(1566~1650)를 제자로 남긴 것으로 보인다. 강주는 자가 사고師古이며, 호는 죽창竹窓, 채진자采眞子로 본관은 진주晉州이다. 한국고전번역원의 『죽창집』 해제에서는 그가 "정지승鄭之升의 문인"으로 "김신국金藎國, 남이공南以恭, 이덕형李德泂 등과 교유"하였다고 하였다.

이를 통해 정지승은 사승관계는 뚜렷하지 않은 반면, 백부와 계부인 정렴, 정작의 학문과 가맥을 이어 후대에 전하여 정두경과 같은 걸출한 시인을 낳았을 뿐만 아니라, 이름난 학자인 성혼과 유몽인 등과도 인척관계를 맺었는데, 이것이 오늘날 그를 더욱 정확하고 자세하게 알게 되는 계기가 되었던 것이다.

2) 정지승鄭之升의 생애生涯와 기행奇行

정지승이 삼당파三唐派의 한 사람으로 거론되기도 하였으며, 시화류詩話類에 그의 시가 당시와 흡사하다는 등의 평이 있음을 감안하면 그는 당시파의 한 사람으로 당시에 인정을 받았음을 알 수 있다. 그는 당시 이름난 시인묵객으로 임제와 이호민과 같은 명사들과 교유를 하였을 뿐만 아니라 시사까지 맺어 시편을 수창하였다.

10 李圭景, 『五洲衍文長箋散稿』, 분류 오주연문장전산고 경사편 2 - 도장류 1 도장총설(道藏總說) 도교(道敎)의 선서(仙書)와 도경(道經)에 대한 변증설 부(附) 도가 잡용(道家雜用) (고전간행회본 권39).

> 공은 옥같은 모습에 환히 문채가 있어 사람의 눈길을 끌었다. 林白湖, 李五峰과 더불어 詩社를 맺어 詩篇을 酬唱하였는데, 사람들에게 전파되었다. 두 분이 대개 항상 한 수 아래에 있었다.[11]

지금 정지승과 임제, 이호민이 시사를 언제 맺었으며, 어디에 모여서 얼마나 시를 지었는지는 확인할 수 없지만, 그의 시집과 임백호의 문집에는 서로 주고 받은 시가 여러 편 전한다. 그는 이처럼 시를 잘 했을 뿐만 아니라, 그의 학술이 정미하였고, 역량이 웅위하였다고 하며, 그의 이런 모습을 제갈공명 등에 비견하였음을 다음 글에서 살필 수 있다.

> 玄谷 趙緯韓이 古玉을 뵙고 공의 시에 대해서 묻자, 고옥은 칭찬하여 마지않으며 말하기를, "이 사람은 우리 집안의 千里馬이고, 진실로 射鵰手이다. 나 같은 늙은이가 의론할 바가 아니다."라고 하였다.[12]

실제 그의 생애 가운데에는 음률과 의학 등 잡학에 정통하여 『동의보감』의 편찬에도 참여했던 정렴과 정작의 기풍과 학문을 이어받아 기이한 행적을 보인 측면이 있다. 북창 정렴과 고옥 정작이 현실세계에 안주하지 못하고 방외를 떠돌았던 것과 마찬가지로, 정학에 전념하지 못하고 잡학에 능하였으며, 평범한 행실을 뛰어 넘어

11 鄭之升, 『叢桂堂詩集』 附錄 「行錄」 "公玉貌瑩然, 文彩動人, 與林白湖, 李五峰, 爲詩社, 酬唱篇什, 傳播人口, 而二公率常在下風."

12 鄭之升, 『叢桂堂詩集』 附錄 「行錄」 "趙玄谷緯韓, 見古玉問公之詩, 古玉嘖嘖不已曰, '此吾家千里駒, 眞射鵰手也. 非老夫所可議.'"

기이한 행적을 보였던 그의 생애는 용담의 회계산을 중심으로 이루어졌다. 그는 우선 사람들을 피하여 용담의 회계산 속으로 들어가 총계당이란 초당을 지어놓고 그곳에서 살았다.

> 일찍이 龍潭의 會稽山 가운데 들어가 초당을 하나 지어놓고 총계당이라 하고, 그곳에서 소요자적하며 세월을 보내면서 날마다 그 속마음을 시로 읊었다.[13]

이 내용은 당시 유명한 인사들의 관심의 대상이 되었고, 그의 기행은 세인의 입에 오르내리는 이야기꺼리가 되기도 하였다. 이러한 사실은 똑같은 내용이 양경우의 『제호시화』에도 "천유天遊는 본래 서울 사람으로, 나이 어려서 세상에서 뜻을 얻지 못하고, 용담의 만첩산중에 터를 잡고 초당을 지은 뒤에 총계당이라 이름을 붙이고 여기에서 생을 마쳤다."[14]라는 내용으로 실려 있다는 것을 통해서 알 수 있다.

회계산에 있으면서 여느 사람처럼 단순히 은사의 조용하고 한적한 삶을 살았던 것이 아니고, 그의 삶과 죽음에 관한 다음과 같은 매우 특이한 전설이 전해지고 있다.

> 세상에서 전하기를 공이 회계산에 있을 때, 높이와 넓이가 여러 척 되는 어떤 신령스런 거북이 당 뒤에서부터 와서 섬돌 앞에 엎드

13 鄭之升, 『叢桂堂詩集』 附錄 「行錄」 "嘗入龍潭會稽山中, 構一草堂, 名之曰, '叢桂堂'. 逍遙偃仰, 日哦其中."

14 梁慶遇, 『霽湖集』 卷9 「詩話」 "天遊本洛陽人, 年少時不得於世, 卜地龍潭萬疊山中, 結草堂, 顏以叢桂, 遂終焉."

렸다. 그래서 쇠고리로 그 양쪽 옆을 뚫어 때때로 타고 놀다가 흥이 다하면 그치곤 하였다. 그만둘 때는 곧 바위 골짜기에 물러나 숨었는데, 숨을 토하면 구름이 되었으므로, 이것으로 그가 간 곳을 알게 되어 불러다가 탔으니, 이것 또한 산 속에서 벌어졌던 기이한 일 가운데 하나이다. 하루는 뜰 곁을 배회하다가, 커다란 천둥이 치듯이 울다가 시간이 흐르자 갔는데, 이날 공이 돌아갔다고 한다.[15]

이러한 내용에 대해서는 삼연 김창흡도 "용담龍潭에 살 때에 항상 커다란 거북을 타고 다녔다. 쉴 때는 거북이를 바위 사이에 두었는데, 구름 기운이 그 등을 덮었다. 노비가 문득 자취를 따라가서 끌고 왔다."라고 하며, "이것으로 그가 세속의 보통 선비가 아님을 알 수 있다."[16]고 한 바 있다.

그가 신령스런 거북이 크게 울다가 집을 떠나가자 갑작스럽게 세상을 떠났다고 하는 것은 우연이거나 지어낸 것이라 하며 믿지 않는다 하더라도 그가 실제 우연히 나타난 거북을 타고 다녔던 일은 사실이었던 것으로 보인다. 그런데 이 일이 과연 가능한 것인가 등에 대해 이규경은 다음과 같이 고증한 것이 있다.

우리나라에서는 叢桂堂 鄭之升이 일찍이 龍潭의 會稽山에 기 있었는데, 높이와 넓이가 여러 자 되는 신령스런 거북이 초당 뒤에서 나와서 섬돌 앞에 엎드렸다. 그래서 쇠로 된 고리로 양 옆을 꿰어서

15 이 내용은 成海應, 『研經齋全集』 卷55 「草榭談獻」 2 「鄭之升, 李之蕃」에서도 "居龍潭縣, 常騎大龜而行, 止則龜自藏巖石間, 背有雲氣覆之, 其奴輒跡而牽, 至之升將歿, 龜徘徊庭際, 鳴聲如雷, 宅畔設臺祭天甚縹緲, 頂有一松, 至今傳叢桂子設醮所."라 한 것을 살필 수 있다.

16 金昌翕, 『三淵集』 卷14 "居在龍潭, 常騎一大龜而行, 休則置龜巖間, 雲蓋其背, 奴輒迹而牽來, 以此知非俗士也."

때때로 타고 다녔다. 타기를 마치면 바위 골짜기에 물러가 숨었다. 그 거북이는 숨을 쉬면 구름을 만들기 때문에 그것이 어디에 있는지를 안다. 하루는 뜰 가를 배회하다가 크게 천둥이 치듯이 울다가 시간이 흐르자 어디론가 가버렸는데, 이 날 총계당이 돌아갔다. 이 거북이라는 것이 혹 신령스런 두꺼비인데 세상 사람들이 잘 모르고 거북이라고 한 것인가? 어떤 사람이 말하기를, "그렇지 않다. 『抱朴子』의 논의와 『本草』의 설을 상고하면, 이것은 반드시 거북이일 것이다. 사람이 잡아다가 부렸다는 것에 대해서는 내가 인정하기 어렵지만, 『포박자』와 『본초』의 설에 대해서 내가 어찌 홀로 견해가 없겠는가? 【『포박자』에 '신령스런 거북은 다섯 가지 색이 있는데, 색이 옥과 같은 것은 등은 음이고 얼굴은 양이다. 위가 불룩한 것은 하늘을 본뜬 것이고, 아래가 평평한 것은 땅은 본받은 것이다. 운을 바꾸어 사시에 응한다. 뱀 머리에 용의 목을 가졌다. 왼쪽 눈동자는 해를 본뜨고, 오른쪽 눈동자는 달을 본떴다. 길흉과 존망의 변화에 대해서 알았다.'고 했다. 또 말하기를, '거북이는 천년을 사는데 사람과 말을 할 수 있다.'고 하였다. 『본초』에서는 '산 거북이 가운데 큰 것은 사람이 등 위에 올라타도 사람을 태우고 갈 수 있다.'고 하였다. 『藝文類聚』에서는 '褚先生으로 이름난 거북이를 얻은 자는 재물이 집에 들어오는데 반드시 큰 부자가 된다. 하나는 北斗龜이고, 두 번째는 南辰龜이고, 세 번째는 五星龜이고, 네 번째는 八風龜이고, 다섯 번째는 二十八宿龜이고, 여섯 번째는 月龜이고, 일곱 번째는 王龜이고, 여덟 번째는 九州龜이다.'라고 하였다.】 그렇다면 어떤 사람의 말이라는 것 또한 억설이 아닌 것이다. 거북이라고 하든 두꺼비라고 하든 어지 그 시비를 충분히 가릴 수 있겠는가?" 하였다.[17]

이규경의 이 글에서 확인할 수 있는 바와 같이 그가 타고 다닌 거북이라는 것이 과연 거북이인지 아니면 두꺼비인지 의아한 점이 있다손 치더라도 그가 그것을 타고 다니는 기행을 보였다는 것은 의심의 여지가 없다.

이규경은 위의 내용에 이어 정지승에 대해 간략히 소개하여 "정지승鄭之升은 자가 자신子愼이고, 호는 총계당叢桂堂이며, 본관은 온양溫陽이다. 시로 세상에 이름이 드러났으며, 겸하여 신선술을 수련하였으니, 북창北窓의 후손이다. 삼연三淵 김창흡金昌翕 선생이 말하기를, '총계당叢桂堂은 곧 동명東溟의 할아버지이고, 북창의 손자(조카)이다. 용담에 살 때 항상 큰 거북이를 타고 다녔다. 쉴 때는 바위 사이에 두었는데, 구름이 그 등을 덮었다. 사내종이 발자국을 따라가서 끌고 왔다. 이것으로 보아 그가 속된 선비가 아님을 알 수 있다. 그가 남긴 터가 남쪽에 있는데, 대의 이름을 제천이니, 이는 총계자의 제문에 나오는데, 총계자가 초례를 베풀고 북두성에 제사를 지내던 곳이라 한다.'"라고 하였다.[18]

이규경은 정지승이 시로 이름이 났을 뿐만 아니라 신선술을 수련

17 李圭景, 『五洲衍文長箋散稿』「靈蟾辨證說」"我東叢桂堂鄭之升, 嘗往龍潭會稽山, 有神龜, 高廣數尺, 出自草堂後, 來伏階前, 因以鐵環穿其兩旁, 有時騎行, 止則退隱巖谷, 叶氣成雲, 以此識其去處. 一日徘徊庭畔, 鳴如巨雷, 移時而去, 是日卽叢桂歸化之日也. 此或靈蟾, 而世人不知, 而認作爲龜歟, 或曰, '不然, 以『抱朴』之論・『本草』之說考之, 此必龜也. 人旣執拗, 則愚不敢左袒, 而『抱朴』・『本草』之說, 余何獨無見耶?' 【『抱朴子』, 靈龜五色, 色如玉, 背陰面陽, 上隆象天, 下平法地, 轉運應四時, 蛇頭龍頸, 左睛象日, 右睛象月, 知吉凶存亡之變, 又曰, '龜千歲, 能與人言, 『本草』, 山龜之大者, 人立背上, 可負而行, 『藝文類聚』, 褚先生, 能得名龜者, 財物歸家, 必大富, 一曰北斗龜, 二曰南辰龜, 三曰五星龜, 四曰八風龜, 五曰二十八宿龜, 六曰月龜, 七曰王龜, 八曰九州龜.'】然則或者之說, 亦不是臆說也, 曰龜・曰蟾, 何足深辨其是非耶?"

18 李圭景, 『五洲衍文長箋散稿』「靈蟾辨證說」"鄭之升, 字子愼, 號叢桂堂, 溫陽人, 以詩鳴於世, 兼修煉仙化, 卽北窓之後孫也. 三淵金先生昌翕曰, '叢桂堂, 卽東溟之祖, 北窓之孫也. 居在龍潭, 常騎大龜而行, 休則置巖間, 雲蓋其背, 奴輒跡而牽來, 以此知非俗士也. 其遺基南, 有臺曰祭天, 是叢桂祭文, 是叢桂子設醮步罡之所云.'"

하였다고 하였다. 그리고는 김창흡의 말을 이끌어다가 그가 속된 선비와는 다른 행적을 보였음을 말하였다. 이는 김창흡이 정지승의 유적지인 용담의 회계산에 있는 총계당을 직접 방문하였던 사실을 근거로 한 것인데, 김창흡은 정지승의 자취가 있는 용담을 직접 방문하고 다음과 같이 말하였다.

> 내가 용담으로 가서 방문하니, 朱子川이 흘러서 臥龍巖에 이르고, 근처의 시골 사람들이 그곳을 가리켜 보이면서 그가 살던 곳이라 한다. 집 앞 수백 보쯤에 祭天臺가 있는데, 높은 언덕에 아득히 떠 있는 듯하고 그 꼭대기에는 소나무 한 그루가 있다. 전하기를, 이것은 총계자가 베풀어 놓고 별에게 醮禮를 지내던 곳이라 한다.[19]

조선 후기의 문인 삼연 김창흡은 정지승의 행적에 대해서도 매우 관심을 보였을 뿐만 아니라, 그가 살았던 곳에 대해서도 경이적인 시선으로 바라보았다.[20] 그는 위에서처럼 그곳을 돌아보고 "비를 무릅쓰고 올라가서 안개물이 아득하여, 더욱 배회하고픈 생각이 있음을 깨달아, 부질없이 두 절구를 읊어서 기록한다冒雨登臨, 煙水微茫, 尤覺有徘徊之思, 漫詠兩絶以志之."라고 하며 시 두 수를 남겼다.

19 金昌翕, 『三淵集』 卷14 "叢桂堂鄭之升, 卽東溟之祖而北牕之姪也. 居在龍潭, 常騎一大龜而行, 休則置龜巖間, 雲蓋其背, 奴輒迹而牽來, 以此知非俗士也. 余到龍潭, 訪朱子川, 迤至卧龍巖, 近處村人有指示其遺基者, 宅南數百步, 有臺曰, '祭天'. 縹緲孤峙, 頂戴一松, 傳是叢桂子設醮步星之所."

20 정지승이 살았던 유적에 대해서는 그의 8대손 鄭性愚가 쓴 「遺墟碑」에 비교적 자세히 소개되어 있다.

총계당의 은자는 스스로 편안하고 뛰어났는데,
제천대는 신선세계와 함께 높이 솟아 있네.
시골 늙은이 날아올라간 날 알 수 없는데,
호숫가 봄바람에 벽도만이 익어간다.

叢桂幽人自逸豪, 祭天臺與紫霞高.
村翁不記飛昇歲, 潭上春風老碧桃.

무너진 섬돌이며 기운 주춧돌 어렴풋 남았는데,
신선 좇아 떠난 사람 언제나 돌아오려나?
검은 거북이라도 찾으려 소식을 묻자니,
와룡암 곁에는 연기와 물안개만 어둡다.

頹堦圮礎尙依俙, 去逐喬松幾日歸.
欲覓玄龜問消息, 卧龍巖畔暗煙霏.[21]

이들 시에 드러난 삼연의 생각은 정지승을 하나의 신선으로 보았던 것을 알 수 있다. 이에 대해 조위한도 "공의 뜻은 자연에 있어서, 시끄럽고 먼지가 날리는 곳을 싫어하였다. 그래서 서책을 싣고 용담으로 들어가 만산 가운데 집을 짓고 총계당이라고 하였다. 거문고를 타고 책을 읽으며 그곳에서 세월을 보내며 날마다 그 속마음을 시로 읊었다. 그 시는 구름을 타고 하늘을 나는 듯 속세를 떠난 것 같은 생각이 있었다."[22]라고 한 것을 볼 수 있다.

21 金昌翕, 『三淵集』 卷14.

22 趙緯韓, 「叢桂堂詩集序」(『叢桂堂詩集』 所收) "公志在烟霞, 厭其囂塵, 載書冊, 入龍潭, 結廬萬山中, 名之曰, '叢桂堂'. 彈琴讀書, 逍遙偃仰, 日哦其中, 飄飄然, 有出塵之想."

성해응成海應의 『연경재집研經齋集』 권53에 수록된 「일민전逸民傳」에는 이남李楠과의 일화가 소개되어 있다.[23] 이남李楠은 고청孤靑 서기徐起의 제자이면서 또 토정土亭 이지함李之菡을 좇아 노닐었다고 하니 「일민전」에 실린 까닭을 짐작할 수 있다. 성해응은 그의 생애를 짤막하게 "潔身獨行, 藏名遯世"라 평가하였다. 그리고 그는 눈에 보이지 않는 일을 알 수 있는 예지력이 있었던 것으로 보이는 내용을 소개하였다. 즉 정지승이 병란을 피하여 금산의 산곡 가운데 숨어 지내며 굶어 죽을 지경이 되었는데, 이남이 그 아들에게 쌀과 술을 보내며 아들에게 경계하여 늦으면 소용이 없을 것이라 하였다.

> 李楠은 청주사람으로 孤靑 徐起의 무리이다. 土亭 李之菡을 좇아 노닐었다. 몸을 깨끗이 하여 행실이 뛰어났지만, 이름을 숨기고 세상을 피해 살았다. 정지승은 이름난 선비이다. 병화를 피해 금산의 산곡 가운데에 피해 있었는데, 이남을 그 이야기를 듣고 쌀 수십 말과 술 한 되를 보내면서 그 아들에게 서둘러 가라고 하면서 "늦게 가면 아무 소용이 없다."고 하였다. 그 아들이 그곳에 가니 과연 온 집안 사람들이 며칠 동안 굶어 일어나지를 못하였다. 술을 따라 주고, 죽을 쑤어 먹이니 집안 사람들이 온전하게 되었다. 愚伏 鄭經世가 그 이름을 듣고 스스로 淸州에 와서 보려고 하였지만, 이남은 끝내 만나지 않았다.[24]

23 이 내용은 許穆의 『眉叟記言』 「別集」 권26 「遺事」에도 「李楠事實」이란 제목으로 실려 있다.

24 成海應, 『研經齋全集』 卷53 「逸民傳」 "李楠 淸州人, 孤靑徐起之徒也. 又從土亭李之菡遊, 潔身獨行, 藏名遯世. 鄭之升名士也, 避兵錦山山谷中, 楠聞之, 遺米數斗酒一榼, 戒其子促行曰, '遲則不及矣.' 其子至則果闔家飢數日不能興, 卽灌以酒, 爲粥以食之, 家得全, 愚伏鄭經世聞其名, 自至淸州求見之, 楠終不見也."

아버지의 명을 받은 이남의 아들이 쌀과 술을 가지고 가니, 정지승의 온 집안 식구들이 며칠을 굶주려 일어나지도 못하였는데, 술을 부어주고 죽을 쑤어 먹이니 집안 식구들이 모두 온전하게 되었다는 것이다. 이인은 이인과 통한다고나 할까 이인 정지승이 굶어 죽어가고 있는 것을 이인 이남이 훤히 알고 쌀을 갖다 주라고 하여 생명을 구했다는 것은 평범한 사람들의 이야기는 아닌 듯하다.

이남이 정지승을 도와준 것은 앞서 살펴본 바와 같은데, 정지승은 또 당대의 이인 박지화와도 잘 지냈던 것으로 보인다. 박지화가 일찍이 부마 광천위의 만사를 지었는데, 시인 정지승이 그의 시를 칭찬해 마지않으면서 "이 사람이 문벌과 지위는 비록 낮으나 문단에서의 지위는 몹시 높다."고 하였다는 일화가 『어우야담』에 소개되어 있다.[25]

3. 『총계당시집叢桂堂詩集』의 간행刊行과 내용內容

1) 『총계당시집叢桂堂詩集』의 편찬編纂과 간행刊行

『총계당시집』에는 총계자 정지승이 손자인 정두경의 부탁을 받고 1644년에 조위한趙緯韓이 서문을 쓴 것이 있다. 그런데 정두경의 이러한 청탁에 앞서 정지승의 아들인 정회鄭晦의 부탁이 있었다고 하였다. 이로 미루어 보면, 정지승의 이 시집은 정지승이 40세의 비교

25 柳夢寅, 『於于野談』(柴貴善, 李月英 飜譯, 『어우야담』, 한국문화사, 2004, 101쪽) "學官 朴枝華, …嘗製駙馬光川尉挽辭, 詩人鄭之升稱引不已曰, '若人門地雖卑, 於騷家地位甚高.'云."

적 젊은 나이에 세상을 떠난 지 얼마 되지 않아 그 아들 때부터 간행하고자 하는 노력이 있었던 것을 알 수 있다.

이러한 내용은 1646년에 쓴 윤신지尹新之의 서문에서도 확인된다. 윤신지와 정지승은 서로 인척으로 맺어진 관계였다. 윤신지의 할아버지 윤두수尹斗壽의 비인 창원昌原 황씨黃氏는 황대용黃大用의 딸로 형조판서를 지낸 정백붕鄭百朋의 외손녀이다.[26] 이렇게 보면 윤신지는 정회鄭晦와는 계촌하기도 어려운 정도의 먼 친척간이지만 스스로 정씨 집안의 손자라 말한 것으로 보아 매우 친근한 관계를 유지하였던 것으로 보인다. 문집에는 또 1645년에 쓴 김상헌金尙憲의 서문이 있다.

윤신지의 서문과 김상헌의 발문이 있는 것으로 보아 당시에 간행된 것처럼 보이지만, 그러나 이 당시에 바로 이 시집이 간행되지는 못했던 것으로 보인다. 총계당의 시집은 1962년에 연활자본의 『북창고옥양선생』에 합간된 것 이외에는 찾아 볼 수가 없기 때문이다.

이러한 것으로 보아 정지승의 유집은 그의 아들 정회에 의해 간행이 시도되었으나 뜻을 이루지 못하였고, 다시 정회의 둘째 아들 정두경에 의해 1645년경 지우와 친지인 조위한, 윤신지, 김상헌에게 이 서문을 부탁했던 시기에도 간행이 이루어지지 못하고, 8대손 정성우가 금산군수를 지냈던 때에도 간행되지 못하다가, 1962년에 와서야 십죽헌의 11세손인 정찬호鄭粲好에게 이르러 비로소 간행이 되었음을 알 수 있다.

책은 연활자본 불분권 1책으로 모두 17장 34면으로 되어 있으며,

26 崔岦, 『簡易文集』 卷9 「議政府領議政具兼職海原府院君尹公神道碑銘 幷序」 "夫人昌原黃氏, 穆清殿參奉大用之女, 京畿觀察使琦之孫, 刑曹判書鄭百朋之外孫, 累封至貞敬夫人, 先公十年卒."

각 면은 12행 27자로 되어 있다. 1644년에 쓴 조위한의 서문, 1646년에 쓴 윤신지의 서문, 1645년에 쓴 김상헌의 서문이 앞에 있지만, 발문이 없어 실제 언제 간행되었는지는 알 수 없다. 다만 책의 맨 뒤에는 8대손 성우가 금산군수가 된 뒤에 1823년(순조 23)에 금산에 있는 총계자의 유적을 찾아 쓴 유허비문이 수록되어 있다.

이 책에는 총계당의 시 97제 108수가 실려 있고, 총계당의 산문은 한 편도 없다. 다만 뒤에 부록으로 정지승에 관련된 문헌들을 제가의 문집 등에서 찾아내어 수록하였다. 하지만, 임백호의 문집에만 해도 이 시집에 수록되지 않은 여러 편의 시가 더 있었음을 확인할 수 있는 대목이 있어, 그의 시문이 제대로 정리되지 못하고 산일된 것이 많았음을 알 수 있다. 그리고 편집한 사람이 써넣은 것은 보이는 세주가 간혹 있다. 시에 관한 보충설명이나, 출전을 밝히는 용도로 사용되었다.

시를 형식별로 나누어 보면 다음과 같다.

七言律詩(23제 25수)

寄東津李尙書, 奉呈叔父, 春草亭送別, 哭李子由, 雙溪寺次益之, 重陽登九月山, 東明懷古, 題龍門寺砌石, 江亭次子順, 送人壽任所, 春日卽事 二首, 九日藥山東臺次子順韻贈上人, 送東津李尙書朝燕京, 送安季章歸覲鷄林 二首, 送申質夫入楊山, 僧軸次壽峰韻, 送李益之遊關東, 龍門別李信卿, 蘇韓二子來訪, 贈質夫, 濟源金丈送秋露一壺, 放歌行, 送成則優遊楓嶽

五言律詩(21제 21수)

訪友不過, 寄林子順, 遊落影山空林寺 , 山居卽事, 香山卽事, 送

雪壑兄歸荊江, 無題, 遊南原淸溪洞, 大同秋懷, 西湖寄許稚游, 江上夜聞笛, 送金季雲扶餘試所, 洪陽贈舍弟, 復寧贈黙師, 寄子順, 長湍客舍, 題奉恩寺上人詩軸, 淸香宴秋日, 淨土寺寄友人, 松壤妓梅香挽, 春草亭

七言絶句(22제 25수)

降仙樓, 淸明, 茂朱三淸閣, 對酒作, 上巳, 無題 三首, 丑川亭留別, 公州卽事, 山中卽事, 送朴思庵 淳, 湖亭夜飮, 壯遊, 讀黃庭經, 送惠師金馬縣 二首, 泛沸流江, 登屹骨城, 題宗上人壁, 新溪道上作, 贈宋庭玉, 復贈宋庭玉, 東明作, 雨中訪子順不遇

五言絶句(5제 7수)

泰仁官池對飮 二首, 江洲卽事, 題龍門山虎跡寺, 宿龍仁旅舍 二首, 醉贈李御史致堯

그리고 補遺로는 與人 用俗間書辭爲詩 其發言成章如此, 曲李子由, 挽鄭嬿, 神勒寺寄李之, 僧軸次子順韻, 白蓮社 二首 , 神巖寺贈覺照 二首, 松壤客舍示金生舍弟 二首, 松壤送禁漏官李信卿, 上成淮陽壽益, 贈雪壑兄 二首, 題姜仁卿草堂, 送黃使君爀, 雨中訪子順不遇, 舍弟, 送舒仲, 贈嚴上人, 奉送叔父, 德川道中贈僧, 失題 등 오율 5수, 오절 6수, 칠절 12수 등 시 23수가 수록되어 있다.

부록으로는 저자를 알 수 없는 행록 1편, 유사 1편, 제가기술 6편, 한벽당기 1편, 유허비 1편이 있다.

2) 『총계당시집叢桂堂詩集』의 내용內容과 특징特徵

총계당의 시는 내용면에서 교유시와 영회시가 대부분을 차지하고, 만시와 차운시가 약간씩 있다. 『총계당시집』에 수록된 시의 내용을 좀 더 구체적으로 자세히 소개하면 다음과 같다.

교유시는 송별시, 기증시에 속하는 것으로, 거의 50여 수에 이른다. 교유한 인물들은 자신의 숙부인 정작을 비롯하여 임자순林子順, 이익지李益之, 이상서李尙書, 신질부申質夫, 안계장安季章, 이신경李信卿, 송정옥宋庭玉, 허치유許稚游, 성칙우成則優, 김계운金季雲, 박사암朴思庵 등이 있다. 그는 특히 임제와 절친한 관계를 유지하였는데, 이러한 사실을 증명하듯 그의 교유시에는 임제에게 준 시가 여러 편 있다. 유자들 이외에 각조覺照, 엄상인嚴上人 등과 교유하여 써준 시가 있는 것으로 보아 불자와의 교유의 폭을 확대하는 개방적인 사고를 가졌던 사람의 하나로 보인다.

영회시는 45수 정도 되는데, 교유시에 비해 편수는 약간 적으나 그 내용은 더욱 풍부하고 다양하다는 것을 알 수 있다. 역시의 현장을 찾아보고 옛일을 회고하며 지은 것도 있고, 산 속에서 살아가는 느낌을 시로 읊은 것도 있다. 한편으로는 술을 마시며 읊은 것, 또 다른 한편으로는 청명절, 상사일 등과 같은 세시풍속을 맛이 읊은 시도 있다. 또 황정경黃庭經과 같은 도가서를 읊은 것과 무주의 삼청각에 올라 지은 시와 같이 도선적 정감을 읊은 것, 백련사, 용문사 등 불교 사원을 찾아 그 회포를 읊은 것도 있다.

이밖에 시로는 만시와 차운시가 있다. 만시로는 「곡이자유哭李子由」, 「송양기매향만松壤妓梅香挽」, 「만정작挽鄭𥳑」 등이 있고, 차운시로는 「쌍계사차익지雙溪寺次益之」, 「강정차자순江亭次子順」, 「승축차

제봉운僧軸次霽峰韻」, 「승축차자순운僧軸次子順韻」 등이 있다.

그렇다면 정지승과 그의 이러한 시들에 대한 역대문인과 평자의 평가는 어떠하였던가? 정지승과 그의 시에 대한 당대의 평가는 상당히 높은 편이라 할 수 있다. 정지승의 숙부인 고옥 정작이 정지승 재주가 절등하다고 하며, "봄이 오려하니 새가 울고, 비가 무정하게 내리니 꽃이 진다鳥啼春有意, 花落雨無情."이라는 구절을 예로 들며 이것이 신선의 말이 아니냐고 극찬을 한 것에 대해 양경우梁慶遇는 이것은 어린 아이들이 외우는 시구에 지나지 않는 정도인데, 고옥이 이것을 들어 칭찬하는 것은 이해할 수 없다고 하였다.[27]

하지만 그는 다른 곳에서 백호 임제가 정지승의 "풀에는 왕손의 한이 스며 있고, 꽃에는 두견이의 근심이 서려 있네. 강가에는 사람은 보이지 않고, 바람에 목란배만 일렁이고 있네草入王孫恨, 花添杜宇愁. 汀洲人不見, 風動木蘭舟."라는 시를 외우며 근세의 절창이라고 하면서 자신의 시는 이것에 미치지 못한다고 하였는데, 이때 양경우는 이것은 과연 그렇다고 하였다.[28] 말하자면, 양경우의 입장은 고옥의 경우 좋은 시도 많은데 하필 어린아이들이나 외우는 장구와 같은 시구를 들어 훌륭하다고 한 것에 동의할 수 없지만, 임제가 예로든 시 같은 것은 임제의 어떤 시보다도 뛰어나다고 한 것이다.

이수광李睟光은 이 시에 대해 "이 시를 당시집 가운데 섞어 써놓고 최경창 등 여러 사람에게 보이더라도 모두 가려내지 못할 것이라고

27 梁慶遇, 『霽湖集』 卷9 「詩話」 "鄭處士天遊之升 以詩鳴於世, 其叔父古玉碏嘗稱其才調絶等曰, '鳥啼春有意, 花落雨無情'者, 非仙語乎? 以余所見, 上句近兒童所誦聯句, 古玉之擧是爲言, 未可曉也."

28 梁慶遇, 『霽湖集』 卷9 「詩話」 "嘗聞林白湖誦天遊一絶句曰, '草入王孫恨, 花添杜宇愁. 汀洲人不見, 風動木蘭舟.' 爲近世絶唱, 自以爲不可及, 是則果然矣."

하는데, 자세히 음미해보면 당시와 같지 않은 바가 있다."[29]라고 하였다. 당시 사람들이 모두 이 시가 당시와 똑같다고 하지만, 자신이 볼 때는 당시와 조금 다른 점이 있다고 약간 폄하한 것이다. 하지만, 그는 이 글에 이어서 "남쪽은 가난하여 술자리 마련함에 아침 해장술이면 족하고, 북쪽은 부유하여 하늘까지 향내가 퍼지고 밤늦도록 피리소리 높다南貧置酒朝醺足, 北富熏天夜笛高."라는 구절[30]에 대해서는 다시 높이 평가하였다.

하지만 허균許筠은 이 시에 대해 "상사上舍 정지승鄭之升이 시를 잘했는데 임제林悌의 무리가 몹시 추장하였다."라고 하며, 대표적인 작품으로 이 작품을 위시하여 「송승送僧」이란 작품, 그리고 "손이 돌아가자 문을 닫으니 남은 건 달빛뿐, 꿈 깨자 빈 산엔 흩어지느니 솔바람 소리客去閉門惟月色, 夢廻虛岳散松濤"[31]를 들고 있다.[32] 그리고 유몽인의 『어우야담』에는 다음과 같은 내용이 전한다.

> 成好善의 자는 則優이다. 어려서부터 이리저리 배회하며 산수 간에 놀기를 좋아하였다. 일찍이 금강산에 놀러 갈 적에 인시의 文人·詞客에게 이별의 시를 구하였다. 회계산인 정 아무개의 시는 다음과 같다.[33] "흰 갑이 슬피 우니 검기가 솟아오르고, 잠시 물외의

29 李睟光, 『芝峯類說』 卷13 「文章部」 6 「東詩」 "鄭之升詩曰, '草入王孫恨, 花添杜宇愁. 汀洲人不見, 風動木蘭舟.' 混書唐詩集中, 以示崔慶昌諸人, 皆不能辨云, 而細味之, 有不似唐者矣. 又嘗有警句曰, '南貧置酒朝醺足, 北富熏天夜笛高.'"

30 이 구절은 「奉呈叔父」라는 율시의 3,4구절이다.

31 이 구절은 「奉呈叔父」라는 율시의 5,6구절이다.

32 許筠, 『惺所覆瓿藁』 권26 附錄 1 「鶴山樵談」 "鄭上舍之升善詩, 林子順輩甚推獎之. 世傳一詩曰, …"

33 본문의 칠언율시조에 있는데, 제목은 「성칙우가 풍악으로 놀러가는 것을 보내며[送成則優遊楓嶽]」로 되어 있다.

장방에 있는 등나무를 잡았다. 부상에서 앉아 동해의 해를 바라보일 것이고, 옛 잣나무는 아직도 서쪽에서 온 중을 마주하고 있으리. 비로봉 만 길이나 높이 하늘 속으로 솟아있고, 휘황한 은과 옥의 빛이 어지럽게 빛나리. 하늘 바람이 오운거를 불어서 내려보내니, 때때로 신선이 함박웃음 짓는 것 보이네." 참판 成壽益은 칙우의 부친이었는데, 유아하고 박학하였다. 누워서 이 시를 보다가 자기도 모르게 놀라서 일어나 모자를 바로 하고 앉았다. 정 아무개도 또한 산수에 놀기를 좋아하여 우리나라의 명산대천을 두루 보지 않은 데가 없었다. 만년에 이 산에 놀러가서 이런 시를 지었다. "두류와 풍악은 묘향산으로 통하고, 하백과 강신은 해약과 한가지이네. 어찌 문장에 도움이 있으리오마는, 장유하는 오늘 동쪽을 모두 보리라." 스스로 평생의 가작이라고 생각하였는데, 내가 보기에는 그 말 그대로 믿기는 어렵지만, 산해에 맘껏 노닐던 풍류가 넘치고 호일했던 기상은 상상할 수 있겠다.[34]

성호선과 잘 지냈을 뿐만 아니라, 특히 성호선의 아버지가 정지승의 시를 누워서 보다가 자기도 모르게 놀라서 일어나 모자를 바로 하고 앉았다는 것은 유몽인의 말대로 그대로 믿기는 어렵지만, 그의 시가 사람을 압도하는 기상이 넘쳤던 것은 분명하다고 하겠다. 그래서 유몽인도 "산해에 맘껏 노닐던 풍류가 넘치고 호일했던 기상은

34 柳夢寅, 『於于野談』(柴貴善, 李月英 飜譯, 『어우야담』, 한국문화사, 2004, 102~104쪽) "成好善, 字則優, 自少俶儻好遊山水間, 嘗遊金剛山求別章于一時文人詞客, 會稽山人鄭某詩曰, '素匣悲號劍氣騰, 暫携物外長房藤. 扶桑坐看東海日, 古栢尙對西來僧. 毘盧萬仞入霄漢, 爛銀濃玉光凌亂. 天風吹下五雲車, 時見仙人一笑粲.' 參判 成壽益, 則優父親, 儒雅博學, 上臥看詩, 不覺驚起整冠而坐, 鄭冒亦好遊山水我國名山大川, 無不遍觀而晩遊此山有曰, '頭流楓嶽妙香通, 河伯江神海若同. 豈是文章能有助, 壯遊今日盡天東.' 自以爲平生佳作, 以余觀之, 雖不信然而其放遊山海風流, 豪逸之氣, 可想."

상상할 수 있겠다."라고 하였던 것이다.

유몽인은 정지승의 시에 대해 감탄하고 그의 재주가 세상에 쓰이지 못한 것을 애석하였다. 정지승이 그의 장인을 따라 덕천(경남 산청군 덕산)에 갔을 때 비로소 덕천 찰방과 더불어 논의를 교환한 뒤에 절간折簡으로 서로 안부를 물었는데 속간의 편지문구를 사용하여 시를 지은 것[35]을 소개하고 "그는 특히 그가 말만 내면 시가 이루어졌으니 재기의 넘쳐흐름이 이와 같았다."[36]고 감탄하였다.

유몽인은 또 어떤 중이 소요산에서 묘향산까지 노닐다가 돌아오는데, 덕천의 길 가운데에서 지승과 서로 만났는데, 지승은 그 중의 시권에 써준 시를 소개하고, "묘향산과 소요산은 내가 즐겨 완미하던 곳인데 이 시를 보니 더욱 잊지를 못하겠다."라고 한 뒤에, "아아! 애석하도다 이 사람이여. 이와 같은 재주를 가지고도 명성 하나 이루지 못하고 요절하고 말았구나."[37]라고 한탄하였다.

유몽인은 여기에서 볼 수 있는 바와 같이 누구보다도 정지승에 대해 깊이 이해하였고, 그의 시를 높이 평가하였으며, 그의 재주가 사장된 것에 대해 안타까워하였다. 그리고 그는 정지승에 대해 기상이 매우 호일하고 풍류가 넘친다고 했는데, 정지승의 이러한 호방하고 거리낌이 없는 행실과 기상은 백호 임제와 닮은 데가 많았다.

35 이 시는 『총계당시집』에 「與人」이란 제목으로 실려 있고, "用俗間書辭爲詩, 其發言成章如此"란 주석이 있다.

36 柳夢寅, 『於于野談』(柴貴善, 李月英 飜譯, 『어우야담』, 한국문화사, 2004, 102~104쪽) "之升隨其舅如德川, 始與魚川察訪論交, 以折簡相問, 用俗書辭爲詩曰, '謹承書問慰難勝, 保拙無非下念仍. 細柳營中初識面, 生陽館裏更挑燈. 孤雲落日同相憶, 斗酒長篇獨不能. 餘祝萬安懷縷縷, 伏惟尊照鄭之升.' 其發言成詩, 才氣蕩溢如此."

37 柳夢寅, 『於于野談』(柴貴善, 李月英 飜譯, 『어우야담』, 한국문화사, 2004, 102~104쪽) "有僧自逍遙山遊香山而歸. 之升於德川道中相遇, 題其詩卷曰, '爾自西來我亦西, 春風一杖路高低. 何年明月逍遙寺, 共聽東林杜宇啼.' 香山逍遙余所愛玩者, 尤於此詩不忘也. 惜乎之人也, 以如此之才, 而不成一名而早夭也."

다음 일화에서 그러한 점을 확인할 수 있다.

정지승이 어려서 아직 장가들이 않았을 때 사통하는 창녀가 있었다. 부모는 공부하는 데 방해될까 근심한 나머지 의관을 빼앗고 정지승을 밀실에 가두어 두었다. 그런데 정지승의 벗이 창기의 서찰을 전해주니 지승 또한 "비바람에 배꽃 흩날릴 제 중문을 닫고, 푸른 새 날 때에 눈물 흔적을 보이네. 한 번 죽으면 이 이별을 잊는다 해도, 구원에서 또 애끊는 혼이 되리라."[38]라는 시를 지어 그녀에게 답하였다.[39]

이상의 내용은 좀 장황하기는 하지만, 같은 집안에 장가들어 비교적 소상하게 정지승에 대해 알았던 유몽인의 기록이라 자세하고, 또 그래서 매우 믿을만한 것이라 하겠다. 정지승에 대해 유몽인은 이름난 선배시인으로서 뿐만 아니라 처조카로서 가까이 이름을 들었으므로, 이러한 기록이 가능하였던 것으로 보인다. 그런데 특히 앞의 기녀와 관련된 이야기는 임제의 다음 일화와 너무나 흡사하다.

白湖 林悌는 會津 사람이다. 어려서 나가 놀다가 절색의 계집종을 길에서 만났다. 백호는 그녀를 보자 좋아해서 뒤를 밟아 따라가니 큰 집에 이르렀는데, 안으로 뛰어 들어갔다. 백호가 사랑채에 이

38 이 시는 시집에 무제라고 되어 있는 시의 두 번째 작품이다. 나머지 두 수는 다음과 같다. "鑪香消盡月輪西, 繡幕圍寒燭影低. 斜倚曲屛愁不寐, 若爲聽得五更鷄." "夢裏分明見玉人, 錦衾香枕暖生春. 關山夜夜長如此, 半世寧爲夢裏身."

39 柳夢寅, 『於于野談』(柴貴善, 李月英 飜譯, 『어우야담』, 한국문화사, 2004, 102~104쪽) "鄭之升幼時, 未有室家, 有所私娼女. 父母憂其妨業, 奪冠履囚之密室, 其友以女簡通之, 之升以詩答之曰, '梨花風雨掩重門, 靑鳥飛時見淚痕. 一死可能忘此別, 九原猶作斷腸魂.'"

크렀을 때, 주인이 노복에게 잡아다가 섬돌 아래로 데리고 오도록 하고 묻기를, "너는 무엇 하는 아이인데, 이처럼 당돌하게 구느냐?"라고 하니, 백호가 곧바로 시로 응답하였다. "듣자하니 봄 석 달이 저물어가니, 봄이 아쉬워 아녀는 한 되쯤 눈물 흘린다네. 향기를 찾는 나비를 탓하여 무엇하리? 상국의 풍류는 등나라처럼 작도다." 주인이 크게 기이하게 여겨서, 계집종을 불러내어 그에게 주었다.[40]

임제는 그의 호협하고 방달불기한 생애는 숱한 화제를 불러 일으켰는데, 시풍에서는 당시의 낭만적이고 염정적인 시를 많이 지었다. 양경우도 임제의 시풍에 대해 "정랑正郎 백호白湖 임제林悌는 시를 지음에 번천樊川(두목)을 배웠는데, 이름이 세상에 크게 났다. 손곡蓀谷이 일찍이 시인의 시품詩品을 논하다가 백호白湖에 이르러서는 능수能手라고 지목하니, 듣는 사람들이 모두 훌륭한 비유라고 생각하였다."[41]라 한 바 있다.

절친한 관계를 유지했던 임제와 정지승은 모두 기녀와 관계가 있는데다가 문제해결을 모두 염정적인 시로 모색하였고 모두 성공하였다는 점에서 비슷하다. 그리고 여기에서 소개된 정지승의 시가 임제의 대표적인 작품인 「규원」과 많이 닮아 있음을 볼 수 있다. 이 시는 임제의 「규원」과 비슷한 느낌을 주는데, 특히 첫 구는 「규원」의 3-4구와 너무 비슷하다.

40 洪萬宗, 『詩評補遺』 上篇 "林悌白湖 會津人, 兒時出遊, 逢女鬟絶色, 白湖見而悅之, 躡追至一巨室, 跳入于內. 白湖至外閣, 主公卽使奴牽致階下曰, '汝是何兒, 乃敢唐突?' 白湖以實告之, 謝其冒犯. 主公曰, '爾能隨我呼韻, 卽成卽赦, 否則笞之.' 仍呼韻, 白湖卽應之曰, '聞道東君九十薨, 惜春兒女淚盈升. 尋香狂蝶何須責, 相國風流小似滕.' 主人大奇之, 呼出女鬟而與之."

41 梁慶遇, 『霽湖集』 卷9 「詩話」 "林正郎白湖悌, 爲詩學樊川, 名重一世. 蓀谷嘗論人詩品, 及於白湖, 目之能手, 聞者, 皆以爲善喩."

이처럼 정지승의 시는 지금 우리에게 많이 알려져 있지 않으나, 기질적은 통하는 데가 많았던 임제와 같은 당대의 시인들에게 높이 평가를 받았고, 특히 그의 시의 특색은 당시풍의 시를 지었다는 데에 있음을 알 수 있다.

4. 맺음말

정지승은 당시 사람들에게 시인으로서 삼당파의 한 사람으로 알려지기도 하고 도선적 삶을 추구하던 신선과 같은 은사로 알려졌으며, 그의 손자 정두경이 시인으로 이름을 떨쳤다. 이러한 것은 자신의 백부와 숙부인 정렴과 정작의 학문과 시학을 잇고, 또한 가맥을 이어 후손에게 학문과 시학의 전통을 전수함으로써 우리 학문과 시학의 발전에 크게 기여하였다는 점에서 그의 생애와 시학을 높이 평가할 수 있다.

그의 생애는 그리 알려져 있지 않으며, 그의 시학에 대해서도 아직 충분한 논의가 진행되었다고 할 수 없다. 특히 그의 생애에 대해서 논의가 없지는 않으나 논의와 소개가 미흡하고, 그의 시학의 진수를 모아놓은 『총계당시집』을 소개하는 일에 대해서는 특히 관심을 두지 않았다.

따라서 본고에서는 기존에 활용된 것 이외의 정지승에 관한 자료를 폭넓게 수집하여 그의 생애를 보다 자세하게 정리하였으며, 그의 시집인 『총계당시집』을 개략적으로 소개함은 물론 그 가운데에 수록된 작품들에 대해 당대 및 후대의 평자들이 어떻게 평가하였던가를 개략적으로 소개하였다.

이러한 연구는 보다 정치하고 깊이 있는 정지승 연구를 위해 반드시 필요한 작업이라 할 것이다. 이러한 것을 바탕으로 하여 정지승의 삶과 학문의 성격과 지향점을 보다 분명히 파악할 수 있을 것이고, 그의 문학의 특성과 작품의 구조 등에 대해서도 자세히 논할 수 있을 것이다.

참고문헌

鄭之升, 『叢桂堂詩集』(『北窓古玉兩先生集』 수록본).

鄭磏·鄭碏, 『北窓古玉兩先生集』(鄭粲好 刊行, 1962).

成渾, 『牛溪集』 『牛溪年譜補遺』 제1권 答問.

李珥, 『栗谷全書』 卷17.

崔岦, 『簡易文集』 卷9 「議政府領議政具兼職海原府院君尹公神道碑銘 并序」.

李睟光, 『芝峯類說』 卷13 「文章部」 6 「東詩」.

梁慶遇, 『霽湖集』 卷9 「詩話」.

洪萬宗, 『詩評補遺』 上篇.

柳夢寅, 『於于野談』(柴貴善, 李月英 飜譯, 『어우야담』, 한국문화사, 2004, 102~104쪽).

金昌翕, 『三淵集』 卷14.

趙緯韓, 『玄谷集』 「叢桂堂詩集序」.

許穆, 『眉叟記言』 「別集」 권26 「遺事」.

成海應, 『硏經齋全集』 卷53 「逸民傳」.

成海應, 『硏經齋全集』 卷55 「草榭談獻」 2 「鄭之升·李之蕃」.

李圭景, 『五洲衍文長箋散稿』 「靈蟾辨證說」.

李圭景, 『五洲衍文長箋散稿』(분류 오주연문장전산고 경사편 2-도장류 1 도장총설(道藏總說) 도교(道敎)의 선서(仙書)와 도경(道經)에 대한 변증설 부(附) 도가 잡용(道家雜用) (고전간행회본 권39).

김은정, 「정지승의 삶과 시세계」, 『한국한시작가연구』 7권, 2002.1.

朴秉益, 「叢桂堂 鄭之升의 詩 硏究」, 『한국문학연구』 제30집, 2006.6.

李家源, 『韓國漢文學史』, 民衆書館, 1976.

전송열, 「총계당 정지승의 삶과 시세계」, 『열상고전연구』 제14집, 2001.12.

정상균, 「언어와 문학-鄭之升의 시 「汀洲卽事」 분석을 중심으로-」, 『한국언어문화학』 제2권 제1호, 2005.5.

鄭寅普, 「叢桂堂 鄭公 墓表」, 정양완 옮김, 『담원문록』 하, 태학사, 2006.

鄭之升 詩의 唐詩的 特性에 대하여*

1. 머리말

정지승이 당시풍의 시를 지었고, 심지어 당대의 일부 문인 및 근래의 연구자에게는 삼당시인의 한 사람으로까지 일컬어지기도 하였으니, 그의 시가 당시적 경향을 보인다는 사실은 췌언의 여지가 없다고 하겠다.

정지승이 이처럼 당시풍의 시를 짓게 된 배경은 조선 초 송시를 중시하던 데에서 점차 당시를 중시하는 풍조가 성행하여 이른바 삼당이 배출되기에 이르는 사회적 분위기도 한 몫을 한 것은 분명하다. 하지만 그 원인은 이것뿐만 아니라 숙부인 고옥 정작에게 많은 영향을 받았던 것으로 보인다.

윤신지尹新之가 『북창고옥양선생문집北窓古玉兩先生文集』의 서문에서 "고옥 어른으로 말하자면, 시율詩律에 있어서 음운音韻이 청원淸遠

* 이 글은 『한문학보』 19집(우리한문학회, 2008)에 수록되었던 것이다.

하여 당나라 이름난 시인에 매우 가까웠으니, 근세의 이름난 시인이라도 마땅히 으뜸자리는 양보하여야 할 것이다."[1]라 한 것으로 미루어 문학에서의 이러한 영향에 대해서 짐작할 수 있다. 윤신지는 이 글에서 정작이 당시풍의 시를 지었던 사실을 밝혔는데, 이를 통하여 정지승이 정작에게 당시를 중시하는 풍조를 이어받았음을 알 수 있다.

그런데 많은 사람들이 그의 시가 이처럼 시대적으로 가학적으로 당시풍에 젖어들기 쉬운 환경에 있었던 그의 시에 대해, 당시적이다, 당시풍이다, 당시에 가깝다는 사실은 인정하고 있다. 하지만, 그의 시가 과연 당시와 비슷한 것인지, 당시와 같다면 어떤 점이 어떻게 같은 것인지에 대한 논의는 정작 그리 많지 않다. 이에 대해 그간 발표된 몇 편의 논문[2]에서 언급된 바를 간추리면 다음과 같다.

전송열은 정지승의 시세계를 다루면서 당시적 특징을 논한 바 있다. 그는 '애상과 한의 정서'와 '풍류적 정취'라는 항목을 두어 정지승 시의 당시적 특징을 드러내려 하였으나 논의가 충분히 이루어졌다고 하기에는 부족하다.

김은정은 그의 논문에서 정지승 시의 작법상 특징과 시풍으로 호방과 당풍을 들었다. 그는 호방은 웅혼, 호탕으로도 쓰이는데, 말이 거세거나 구도가 공활하거나 과장이 심한 특징을 지닌다고 하면서 정지승의 시편에도 이러한 특징이 잘 나타난다고 하였다. 그리고

1 尹新之,『北窓古玉兩先生文集序』"至於古玉老, 於詩律音韻淸遠, 逼唐名家, 近世詩人, 自當讓一頭矣."

2 정지승과 그의 문학, 그리고 그의 행적에 관한 논문으로는 다음과 같은 것이 있다. 정재서,「鄭之升의 祭天臺를 찾아서」,『오늘의 동양사상』 4, 2001, 152~170쪽; 전송열,「叢桂堂 鄭之升의 삶과 詩世界」,『열상고전연구』 제14집, 2001, 69~98쪽; 金垠廷,「鄭之升의 삶과 시세계」,『한국한시작가연구』 7권, 2002, 285~321쪽; 정상균,「언어와 문학－鄭之升의 시「汀洲卽事」 분석을 중심으로－」,『한국언어문화학』 제2권 제1호, 2005, 249~264쪽; 朴秉益,「叢桂堂 鄭之升의 詩 硏究」,『한국문학연구』 제30집, 2006, 389~413쪽.

그의 시의 한 특징으로 성당의 시어와 구법을 차용하였음을 들었다.

박병익은 당시어 차용과 당시적 표현이란 장을 두어 정지승 시의 당시풍을 드러내려 하였으나, 결어에서 "시어의 구사는 이별의 정서를 나타내는 시에 '별의別意', '별정別情', '쇄루灑淚', '관하關河', '장안長安', '삼협三峽', '운우몽雲雨夢', '오릉五陵', '행화촌杏花村' 등의 시어를 써서 당시에서 느낄 수 있는 감정까지 차용하였다."[3]고 하여, 주로 시어의 유사성에 대해 논하였다.

정지승 시의 당시적 특성을 집중적이고 분석적인 시도를 한 것은 정상균의 논문이다. 그는 정지승의 대표작 「정주즉사汀洲卽事」라는 시의 분석을 통하여 정지승 시의 언어와 문학의 특징을 밝히는 데에 도달하고자 하였다. 시어의 분석적 접근을 시도하여 춘초春草, 두우杜宇, 목란주木蘭舟를 서양의 인식론까지 끌어들여 이들 시어의 의경을 밝히려 하였다. 그리고 이러한 것을 바탕으로 하여 「정주즉사」의 아름다움을 드러내고자 하였다.

이들 몇몇 연구는 정지승 시에 대한 포괄적 접근이면서도 당시적 성격과 특징을 밝히려 했다는 점에서 의미를 부여할 수 있으나, 진송열과 정상균은 하나는 너무 소략하고 하나는 너무 자세하다는 폐단이 있고, 김은정은 성당을 배웠다고 한 반면 박병익은 만당을 배웠다고 하여 논의가 서로 상반됨에도 불구하고 어느 것이 얼마나 더 타당한 논리적 설득력을 가지고 있는지 드러나 있지가 않다.

이런 점에서 보면 정지승 시의 당시적 특성은 지금 본격적으로 그 전반적인 측면에서 논의될 필요가 있는 것이다. 따라서 본고에서는 정지승 시의 당시적 특성을 내용상의 특성과 형식상의 특성으로

3 朴秉益, 「叢桂堂 鄭之升의 詩 硏究」, 『한국문학연구』 제30집, 2006, 409쪽.

나누고, 내용상의 특성으로 당시의 활용과 자취, 왕손과 정한, 춘초와 송별로 나누어 당시 가운데 누구의 무엇을 배웠는가 살펴보고, 표현기법 상의 특성은 과장법과 가정법으로 부풀리기, 인명으로 에둘러 표현하기, 홍취로 논리를 뛰어넘기로 나누어 당시 특성을 대표하는 것이 무엇인가를 따져 보기로 한다.

2. 내용內容 상上의 특성特性

1) 당시唐詩의 활용活用과 그 자취

정지승이 당시를 배웠다는 점에 있어서는 이견이 없지만, 그가 당시 가운데 만당을 배웠는가, 아니면 성당을 배웠는가에 대해서는 의견이 엇갈리는 것 같다. 김은정은 그의 논문 결론에서 "정지승이 추구한 당풍은 성당의 것이므로 만당을 배워 위약한 기세를 보이는 삼당시인과는 변별된다."[4]고 하였다.

그러나 가장 최근 정지승의 시에 대해 논한 박병익은 "또한 송별, 기증 등의 시에는 웅장하고 호방한 기상을 표출하기보다는 비애를 크게 그리고 있다. 이러한 측면에서 보면 총계당의 시는 전반적으로 성당의 풍격을 학시했다기보다는 만당의 풍격을 학시한 시라고 생각된다."[5]고 하여 전혀 상반된 의견을 제출하였다.

그런데 이들의 논의는 완전히 상반된 것임에도 불구하고 앞서 제

4 金垠廷, 「鄭之升의 삶과 시세계」, 『한국한시작가연구』 7권, 2002, 321쪽.

5 朴秉益, 「叢桂堂 鄭之升의 詩 硏究」, 『한국문학연구』 제30집, 2006, 409쪽.

기된 주장을 뒤집을 뚜렷한 논증과정을 거치지 않고 자신의 생각을 피력한 정도에 그치고 있어 어느 쪽의 견해도 쉽게 받아들이기 어려운 측면이 있다. 그렇다면 정지승의 시가 만당을 배웠는지 아니면 성당을 배웠는지 논의를 하고 넘어가지 않을 수 없다.

이 문제를 위해서 우선 정지승과 여러 가지 측면에서 많이 닮아 있는 임제의 시와 비교해 보기로 한다. 임제의 호협하고 방달불기한 생애는 숱한 화제를 불러 일으켰는데, 시풍에서는 당시의 낭만적이고 염정적인 시를 많이 지었다. 양경우는 임제의 시풍에 대해 "정랑正郎 백호白湖 임제林悌는 시를 지음에 번천樊川을 배웠는데, 이름이 세상에 크게 났다. 손곡蓀谷이 일찍이 다른 사람의 시품詩品을 논하면서, 백호白湖에 이르러서는 능수能手라 지목을 하니, 듣는 사람들이 모두 훌륭한 비유라고 생각하였다."[6]라 하여 임제의 시가 만당의 두목杜牧을 배운 바 있다고 평한 바 있다.

임제와 가장 절친한 관계를 유지했던 정지승은 당시풍의 지은 여러 사람 가운데에서도 임제의 작품과 많이 닮아 있음을 볼 수 있다. 다음 시는 정지승의 「무제無題」 두 번째 작품인데, 너무나 잘 알려진 임제의 「규원閨怨」이란 시와 이미지가 비슷하다.

비바람에 배꽃 흩날릴 제 중문을 닫고,
푸른 새 날 때에 눈물 흔적을 보이네.
한 번 죽으면 이 이별을 잊는다 해도,
구원에서 또 애끊는 혼이 되리라.

6 梁慶遇, 『霽湖詩話』 "林正郎白湖悌, 爲詩學樊川, 名重一世. 蓀谷嘗論人詩品, 及於白湖, 目之能手, 聞者, 皆以爲善喩."

梨花風雨掩重門, 靑鳥飛時見淚痕.
一死可能忘此別, 九原猶作斷腸魂.

이수광은 임제(1549~1587)의 「규원」을 "향렴시香奩詩"라 소개하였으니,[7] 만당의 향렴체와 비슷한 분위기임을 말하였고, 이 시는 임제의 「규원」과 비슷한 느낌을 주는데, 특히 첫 구는 「규원」의 3-4구와 너무 비슷하다. 뿐만 아니라 정지승의 「상사上巳」라는 작품에서는 임제를 두목에 비겨 노래한 것으로 보이는 다음의 작품이 있다.

인일 길을 떠났던 사람 상사일에 돌아오니,
집집마다 거리마다 버드나무 하늘거리네.
三生 모두 樊川의 늙은이와 방불하여,
웃으며 꽃피는 마을에 들어서자니 비가 옷을 적시네.

人日行人上巳歸, 家家門巷柳依依.
三生髣髴樊川老, 笑入花村雨濕衣.

이 시의 첫 구에서 인일에 길을 떠났던 사람이 누구인지는 밝혀져 있지 않으나, 임제를 두목에 비겨 평한 당시의 정황을 토대로 하면, 여기에서 정지승이 노래한 사람은 바로 임제로 볼 수 있다. 이 시에서 정지승은 임제의 삼생이 모두 두목과 비슷하다고 하며, 두목의 시를 점화해서 읊었음을 볼 수 있다. 이렇게 보면 임제도 그렇고 임제시와 닮은 정지승의 시도 만당의 풍을 가진 것으로 볼 수 있다.

하지만 이가원李家源 교수는 「규원」이 "완연히 최국보崔國輔의 소

7 李睟光, 『芝峯類說』 卷13 「文章部」 6.

시小詩"[8]라고 하여, 성당시대의 인물인 최국보의 시와 같다고 하여 정지승의 시가 만당이 아니라 성당의 시와 같다고 하였는데, 정지승의 시에서 성당의 풍모를 가졌던 것으로 평가받았던 일을 찾는 것은 어렵지 않다. 다음의 시는 정지승의 「축천정유별丑川亭留別」이란 작품이다.

> 가는 풀에 예쁜 꽃 핀 물가의 정자에,
> 푸른 버들 그림같이 봄 성을 가렸네.
> 아무도 陽關曲을 부를 줄 아는 이 없어,
> 오직 청산만이 내가 가는 것을 보내네.
> 細草閑花水上亭, 綠楊如畵掩春城.
> 無人解唱陽關曲, 惟有青山送我行.

이 시에는 "중국 사람의 『명시별재明詩別裁』 가운데에 뽑혀 들어갔다選入華人『明詩別裁』中."라는 주가 달려 있는데, 심덕잠沈德潛은 『명시별재』에서는 "정치가 어우러져서 당나라 시인들에 비하여도 더욱 구별된다情致纏綿 比唐人作 更飆得別."[9]라 하였으니, 당시보다도 더 당시적이라는 표현이다. 이 시에 대해 허균도 "낭군주郎君胄의 「송왕사직送王司直」시에서부터 점출한 것이다."[10]라 하였는데, 낭군주는 성당 때의 시인 낭사원郎士元을 말하는데, 군주는 그의 자이다.

무엇보다도 이 시는 내용에서 쉽게 보듯 왕유王維의 「송원이사안서送元二使安西」라는 유명한 시를 원용하였다. 따라서 이 시에는 성

8 李家源, 『韓國漢文學史』, 民衆書館, 1976, 234쪽.

9 韓致奫, 『海東繹史』 卷48 「藝文志」.

10 許筠, 『國朝詩刪』 "從郎君冑 「送王司直詩」 點出來".

당의 대표시인 왕유의 구절이 녹아들어 있음을 쉽게 알 수 있다. 이 시가 당시풍이 주를 이루던 시대의 대표적 문인 이수광의 눈에 들어 이수광이 이 시를 모의하여 시를 지은 사실이 일찍이 홍만종洪萬宗에 의해 밝혀진 바 있다.

이수광李睟光(1563~1628)이 황극전皇極殿에 화재가 나서 진위사陳慰使로 중국에 갈 때 정유년(1597) 8월부터 시작하여 무술년 정월에 쓰기를 그친 『조천록朝天錄』[11]에 이 시와 비슷한 한 수의 작품이 수록되어 있다.

> 적막하게 조각배 압록강 나루에 있는데
> 풍경은 모두 그 옛날의 봄과 같구나.
> 누가 陽關曲을 부를 줄 아는가?
> 강 물결만 먼 곳으로 가는 이를 송별하네.
>
> 寂寞扁舟鴨水津, 風光猶似昔年春.
> 誰能解唱陽關曲, 唯有江波送遠人.[12]

이 시의 제목은 「도강주중희성渡江舟中戲成」이고 "당시에는 왜적이 들이닥친다는 보고가 매우 급하여 고을원조차도 나와서 송별하지 않았다時倭報甚急, 地主亦不出送."라는 주석이 달려 있다. 이 시는 자신이 진위사로 중국에 갈 당시에 임진왜란 중에 고을원조차 나와서 자신을 송별해주지 않는 급박한 상황과 아울러 못내 아쉬운 마음을 토로한 것이라 하겠다.

11 李睟光, 『芝峯先生集』 卷10 "朝天錄 始丁酉八月 止戊戌正月".

12 李睟光, 『芝峯先生集』 卷10.

홍만종은 이 시에 대해 "정지승과 이수광이 한 시대에 이름을 나란히 하였으나 반드시 도습한 것은 아니련만 어찌 이리 비슷한가." 라 하였고, 정지승의 시가 이수광의 시보다 조금 낫다고 하였다.[13] 그러나 이 시가 정지승(1550~1589) 몰후 적어도 8년 뒤에 지어진 시이므로, 이수광이 왕유의 싯구를 활용한 정지승의 시구를 모사한 것이라 하겠다.

이처럼 정지승의 시가 성당 가운데에서도 왕유의 시를 본받았던 자취는 「범비류강泛沸流江」이란 작품에서도 확인할 수 있다. 그는 이 시에서 "강가의 술 한 동이에 한은 그 얼마런가? 늦은 봄바람 속에 꽃이 진다고 새가 우네江上一樽多少限, 落花啼鳥暮春風."라 하였는데, 이 짧은 구절에 왕유의 대표작 가운데 하나인 「조명간鳥鳴磵」이란 시가 수용되어 있다. 특히 뒷구절의 '낙화落花', '제조啼鳥', '모춘풍暮春風'은 왕유의 "인한계화낙人閑桂花落, 야정춘산공夜靜春山空. 월출경산조月出驚山鳥, 시명춘간중時鳴春澗中."이라는 시 전체를 응축해놓은 것으로 볼 수 있다. 「등흘골성登屹骨城」이란 작품에서도 왕유의 같은 시가 활용되고 있음을 볼 수 있다.

술동이 마주하고 옛 성의 서쪽에서
산꽃은 모두 졌는데 부질없이 새만 지저귀네.
피리를 가로 부니 바람 밖에 멀리 퍼지고,
남쪽 나라에서 애가 끊어지는데 저녁 구름 낮게 드리웠네.

13 洪萬宗, 『小華詩評』 "鄭叢桂之留別詩曰……李芝峰睟光詩曰,……叢桂芝峰, 生幷一世, 未必蹈襲, 而何其相似? 鄭詩比李頓勝."

一樽相對古城西, 落盡山花空鳥啼.

橫遂數聲風外迴, 楚天腸斷暮雲低.

이들 시에서 활용한 왕유의 이 구절은 한국의 시인들이 즐겨 사용하는 하나의 단골메뉴이기도 하였는데, 양경우는 이에 대해 "강백년姜栢年의 「금강산도중시金剛山道中詩」에 이르기를, '백리百里에 사람 소리 들리지 않고, 깊은 산에는 새소리만 들린다. 스님을 만나 앞길 물었는데, 스님 가고나니 더욱 길을 모르겠네'라고 하였다. 세상에서 더러 전하기를 강백년이 일찍이 이 작품을 정두경鄭斗卿에게 외워보였더니 정두경이 좋은 시라고 칭찬하였다. 그리고는 '단但 자를 고쳐서 산山 자로 하였으면 더욱 좋았을 것이다'라고 하니, 강백년이 탄복하였다고 한다. 내 생각에는 이 시의 좋은 점은 오직 단但 자 한 자에 있는데, 만약 산山 자로 고친다면 시 전체의 정신이 모두 없어져 버린다. 또 '단조제但鳥啼'라는 세 자는 당시로부터 나왔는데, 군평이 어째서 점금성철點金成鐵을 하려들었단 말인가? 이는 분명히 말을 전하는 사람이 잘못 전한 것임을 알 수 있다. 이것을 아는 사람은 더불어 시를 논할만하고, 모르는 사람은 시를 논하는 자리에서 빠져야 할 것이다."[14]라고 한 바 있다.

여기에서 양경우가 '단조제但鳥啼'라는 세 자는 당시로부터 나왔다고 말한 것은 바로 왕유의 「조명간鳥鳴磵」에서 근거하였음을 지적한 것이다. 「산거즉사山居卽事」라는 시의 3, 4구 "정지승 재주가 절등

14 梁慶遇, 『霽湖詩話』 "姜叔久百(栢)年, 「金剛山道中詩」曰, '百里無人響, 三深但鳥啼. 逢僧問前路, 僧去路還迷.' 世或傳, 叔久嘗以此作, 誦告於東溟鄭君平, 君平稱善, 仍曰, '但字改以山字, 則尤佳.' 叔久歎服云. 余意, 此詩佳處, 只在於但之一字, 若改以山字, 則一篇精神, 都沒了. 且 '但鳥啼' 三字, 出自唐詩, 君平豈點金成鐵耶? 決知傳者妄耳. 知此者, 可與言詩, 不知者, 擯於談詩之席矣."

하다고 하며, '봄이 오려하니 새가 울고, 비가 무정하게 내리니 꽃이 진다鳥啼春有意, 花落雨無情'."에서도 왕유의 이 구절을 원용하였음을 볼 수 있다.

이상의 내용을 통해서 살펴본 바와 같이 정지승은 당나라 시인 가운데에서도 왕유의 시를 많이 좇아 지었음을 알 수 있다.

2) 왕손王孫과 정한情恨

정지승의 시 가운데 가장 대표적이면서 가장 당시적인 면모를 보이는 작품은 바로 「강주즉사江洲卽事」이다. 허균은 이 시에 대해 "상사上舍 정지승鄭之升이 시를 잘했는데 임제林悌의 무리가 몹시 추장하였다."[15]고 하며, 그의 대표작으로 이 시를 들었다. 양경우도 임제가 정지승의 이 시를 외우며 근세의 절창이라 여겼다고 다른 사람에게 들은 일을 소개하고, 스스로도 이 시에 미칠 수 없다고 하였다.[16]

이 시는 이처럼 정지승을 대표하는 작품이었을 뿐만 아니라, 당시풍을 가진 것으로 평가되었다. 이수광은 이 시가 당시와 흡사하여 당시 가운데 섞어놓고 최경창 등에게 보였으나 구분하지 못하였던 일을 소개하였다.[17] 자신이 자세히 음미해 보니 당시와 같지 않은 점이 있다고 하였지만, 당시의 많은 사람들은 이 시가 당시풍이 있음을 인정하였음을 알 수 있다.

김은정은 "정지승의 시편 가운데 가장 당풍을 잘 실현한 작품"으

15 許筠, 『鶴山樵談』 "鄭上舍之升善詩, 林子順輩甚推奬之."

16 梁慶遇, 『霽湖集』 卷9 「詩話」 "嘗聞林白湖誦天遊一絶句曰, 草入王孫恨, 花添杜宇愁. 汀洲人不見, 風動木蘭舟. 爲近世絶唱, 自以爲不可及, 是則果然矣."

17 李睟光, 『芝峯類說』 卷13 「文章部」 6 「東詩」 "鄭之升詩曰, 草入王孫恨, 花添杜宇愁. 汀洲人不見, 風動木蘭舟. 混書唐詩集中, 以示崔慶昌諸人, 皆不能辨云, 而細味之, 有不似唐者矣."

로 「정주즉사」를 들고, "드러나는 문면으로만 볼 때 시어, 음률, 구성 모든 면에서 당시의 격조를 이루었다고 여긴 것이다. 삼당시인이 추구하던 바를 이룩해낸 것이다."[18]라고 하였다.

하지만, 옛날의 평가를 통해서는 다만 정지승의 이 시가 당시와 비슷하다는 것만 확인할 수 있을 뿐이고, 김은정의 말에서 시어, 음률, 구성 모든 면에서 당시의 격조를 이루었다는 것도 구체적으로 어떠한 것이 그러한 지를 확인할 수 없다. 이 시가 갖는 당시적 요소가 무엇인지를 확인하기 위해 우선 시를 보기로 한다.

> 풀에는 왕손의 한이 스며 있고,
> 꽃에는 두견이의 근심이 서려 있네.
> 강가에는 사람은 보이지 않고,
> 바람에 목란배만 일렁이고 있네.
>
> 草入王孫恨, 花添杜宇愁.
> 汀洲人不見, 風動木蘭舟.

박병익은 이 시에 대해 "어느 봄날 물가에서 느끼는 정감을 한 폭의 산수화를 보는 듯하게 읊은 시로 묘사와 과장법이 뛰어난 작품이다. 기, 승구에서 시인은 봄날 아름답게 핀 꽃은 얼마나 붉던지 두우가 거기에 피를 토하고 죽었음을 확대함으로써 풀의 짙은 초록과 꽃의 불타는 듯한 붉음을 대비시킨다. 이는 바로 두보의 「절구絶句」의 '산청화욕연山靑花欲燃'의 모습을 더욱 승화시켰다고 할 수 있다."[19]라고 하여, 두보의 「절구」를 더욱 승화시켰다고 하였으나 과연

18 金垠廷, 「鄭之升의 삶과 시세계」, 『한국한시작가연구』 7권, 2002, 312쪽.

그러한지 실감이 나지 않는다.

전송열도 "주지하다시피 당시는 시의 내용이 아니라 흥취를 중요시 여긴다. 따라서 이 시 또한 내용상으로 볼 때는 별다른 의미가 없다. 오히려 당시에서 흔하게 반복되는 소재만으로 시적 감정을 최대한 유로시키고 있을 뿐이다. 즉 어느 봄날에 보여지는 풀잎에서, 그리고 두견새 소리에서 끝없는 한과 시름을 불러일으키며 돌아오지 않는 님을 그리워하여 슬퍼할 뿐이다. 이 시에서는 바로 이러한 감정과 흥취가 당시 특유의 시적인 가락과 함께 극대화되어 나타나 있다는 점에서 호평을 받은 것이다."[20]라고 하여, 이 시가 당시와 유사하다는 것은 내용이 아니라 흥취가 당시에 가깝다고 하였다.

하지만, 이 시에서 내용과 흥취, 그리고 시어 등의 여러 면에서 당시적 요소를 가지고 있는데, 그 가운데 가장 두드러진 것이 정지승이 '왕손王孫'과 '정한情恨'을 부각시킨 것이라 할 수 있다. 「기임자순寄林子順」이라는 시에서도 "등불과 촛불을 왕손댁에 밝히고, 거문고와 바둑을 연자루에서 둔다. 구월이 지나도록 소식이 없어, 그리운 사람을 근심스럽게 하네燈燭王孫宅, 琴碁燕子樓. 三秋度消息, 却憶使人愁."라고 하여 왕손의 한을 노래한 것을 볼 수 있다.

이를 통해서 알 수 있는 바와 같이 정지승의 시에는 이 작품에서만 이러한 것이 드러난 것이 아니고, 상당히 많은 시에서 왕손을 거론하여 그의 시의 하나의 특색이 되었다. 따라서 그의 시를 이해함에 있어 왕손에 대한 이해는 그의 시적 특질을 규명하는 데 중요한 단서가 될 수 있을 것이다.

19 朴秉益, 「叢桂堂 鄭之升의 詩 硏究」, 『한국문학연구』 제30집, 2006, 409쪽.

20 전송열, 「叢桂堂 鄭之升의 삶과 詩世界」, 『열상고전연구』 제14집, 2001, 91쪽.

'왕손'은 누구를 말하는 것이며, 그의 '정한'은 어떠한 것인가? 그리고 이것들은 과연 당시와 관련이 있는 것인가, 관련이 있다면 누구와 관련이 있는가? 하는 것은 매우 흥미 있는 것이다. 정지승의 윗 시는 당나라를 대표하는 시인 왕유의 「산중송별」이란 작품의 "왕손이 올봄에는 돌아오려나王孫歸不歸?"라는 구절을 배운 것이라 하겠다.

왕유의 이 시에 대해 송나라의 문인 호자胡仔는 "대개 「초사楚詞」의 '왕손유혜불귀王孫遊兮不歸……'라는 구절을 이용한 것인데, 이것은 용사用事를 잘한 것이다."[21]라고 하였다. 호자는 이 시가 굴원의 「초사」에 있는 구절을 활용하였다고 하며, 용사를 잘한 것으로 평하였다. 이 내용은 『시인옥설詩人玉屑』에서 용사를 잘한 예로 그대로 소개되어 있다.[22]

그렇다면 왕유의 시에서 드러난 왕손은 결국 굴원의 「초사」에서 읊어진 왕손을 본받은 것이라 하겠는데, 우리가 관심을 갖고 있는 왕손은 무엇을 의미하는가? 「초사」에 주석을 한 대표적 두 사람 가운데 왕일王逸은 "왕손유혜王孫游兮"에 대해 "은사隱士가 세상을 피해 산구석에 있는 것이다避世在山隅也."[23]라 하였고, 홍흥조洪興祖는 "오신五臣이 이르기를 굴원은 초나라와 같은 성이기 때문에 왕손이라 한다고 하였다. 보補에 이르기를 악부에 왕손이 이곳에 노닐었다는 구절이 있다."[24]라 하였다. 이를 통해 보면, 왕손의 의미는 세속을 피해 있는 은사이며, 다른 한편으로는 당대 왕실의 후예로 현실에 적응하지 못해 세속 밖으로 떠도는 사람임을 알 수 있다. 따라서

21 胡仔, 『漁隱叢話』 「後集」 卷9 「王右丞」 "蓋用 「楚詞」 '王孫遊兮不歸……' 此善用事也".

22 魏慶之, 『詩人玉屑』 卷7 「用事未盡善」.

23 王逸, 『楚辭章句』.

24 洪興祖, 『楚辭補註』 "五臣云, '原與楚同姓故云王孫.' 補曰, '樂府有 王孫遊出於此'"

왕손의 이미지는 매우 고독하고 처량하며 회고적인 느낌을 갖는 인간상을 뜻한다.

정지승의 시에서 왕손은 아마도 조선의 왕족인 이씨 성을 가진 사람으로 벼슬자리에서 밀려나 방외에 떠도는 인물을 가리킨 것으로 보인다. 그는 「곡이자유哭李子由」라는 시에서 "조물주의 주장은 능히 선과 함께 한다고 하지만, 왕손의 집안은 대대로 본래 허물이 없다네造物主張能與善, 王孫家世本無愆."라고 한 내용을 통해서 보면 왕손이 바로 이씨 성을 가진 이자유를 가리킴을 알 수 있다.

그렇다면 왕손의 정한은 무엇인가? 정지승은 「대동추회大同秋懷」라는 시에서 "너른 바다에 낙엽이 지는 속에, 왕손은 그리워하는 바가 있네落木滄波裏, 王孫有所思."라 하여 왕손이 그리워하는 바가 있다고 하였다. 「정주즉사」에서 드러난 이러한 '왕손'과 '정한'은 떠나간 사람을 그리워하는 것이다. 이러한 것은 여기에서만 그치는 것이 아니고 「초정송별草亭送別」[25]에서 송별을 하며 라는 시에서도 찾아볼 수 있다.

정지승은 이 시의 승구에서 "왕손의 남은 한이 봄풀에 스몄는데, 나그네는 무슨 마음으로 지는 해를 원망하나王孫有恨留春草, 客子何心怨落暉?"라 하였는데, 여기에서도 왕손이 등장하고 그 한이 봄풀에 스몄다고 하여 「정주즉사」의 1,2구와 비슷한 뜻을 노래하였다. 「정주즉사」에서는 왕손을 한을 두견화에 담아 노래하였는데, 이 구절은 결국 왕손의 정한을 푸른 풀에 담아 표현한 것이라 할 수 있다.

이러한 생각은 「춘초정春草亭」에서는 "왕손이 행락을 즐기던 곳에, 한 번 들러 한 번 길게 탄식한다王孫行樂地, 一過一長歎."라 하였고,

25 여기의 초정은 春草亭을 말한다.

마지막 미련에서는 "꽃다운 풀도 봄빛을 알건만, 어찌해서 떠난 뒤 돌아오지 않는가芳草知春色, 如何去不還?"라고 하였다. 이것으로 보면, 왕손의 한, 혹은 왕손에 대한 한은 모두 이별과 관련이 있음을 알 수 있다.

이상의 내용을 통해서 정지승 시 가운데 왕손이란 말이 유독 많이 쓰이고 있는데, 이는 「초사」에 바탕을 둔 왕유의 시에서 근거한 것이며, 여기에서의 왕손은 왕실의 후예로 현실에 적응하지 못하고 세속 밖으로 떠도는 사람이며, 왕손의 한은 바로 안주할 수 없는 처지 때문에 송별이 잦은 것이라 하겠다.

3) 춘초春草와 송별送別

정지승의 시에서 두드러진 특징 가운데 또 다른 하나는 송별시가 많다는 것이다. 그가 시가 그리 많지 않은 가운데 송별시로 분류될 수 있는 것이 대략 20수 가까운 분량이다. 「춘초정송별春草亭送別」, 「송인제임소送人霽任所」, 「송동진이상서조연경送東津李尙書朝燕京」, 「송안계장귀근계림送安季章歸覲鷄林 이수二首」, 「송신질부입양산送申質夫入楊山」, 「송이익지유관동送李益之遊關東」, 「용문별이신경龍門別李信卿」, 「송성칙우유풍악送成則優遊楓嶽」, 「송설학형귀형강送雪壑兄歸荊江」, 「송김계운부여시소送金季雲扶餘試所」, 「축천정유별丑川亭留別」, 「송박사암送朴思庵 순淳」, 「송혜사금마현送惠師金馬縣 이수二首」, 「송양송금루관이신경松壤送禁漏官李信卿」, 「송황사군혁送黃使君爀」, 「송서중送舒仲, 봉송숙부奉送叔父」 등이 있다.

그런데 이들 송별시의 두드러진 특징은 춘초와 송별이 자주 어우러져 보인다는 것이다. 춘초정에서의 송별도 그렇거니와 이 밖에도 봄풀이 우거질 때의 이정離情을 노래한 것이 많이 보인다.

앞서 살펴 본 「춘초정송별春草亭送別」이란 작품에서도 “왕손의 남은 한이 봄풀에 스몄는데王孫有恨留春草”라고 하여, 봄날 송별한 것임을 알 수 있다. 이 시는 춘초정에서 누군가를 이별한 뒤에 옛날 그곳에서 놀던 일을 생각하며 지은 시이다. 정지승이 이처럼 봄날 풀이 푸르렀을 때 떠나간 사람이 돌아오지 않음을 노래한 것은 왕유에게 닿아 있는 것이다.

왕유는 앞서 살펴본 「산중송별山中送別」이란 시의 셋째 구에서 “봄풀은 해마다 푸르건만春草年年綠”라고 하였다. 봄풀이 푸르러가는 때에 떠나간 사람이 돌아오지 않음을 슬퍼하고 있다. 초계苕溪 호자胡仔는 “왕유王維의 「송별시送別詩」는 대개 「초사楚辭」의…… ‘춘초생혜처처春草生兮萋萋’란 구절을 이용하였다.”[26]라고 하여 왕유의 이 구절도 굴원의 「초사」에 근원하고 있다고 하였다. 그런데 ‘춘초春草’와 ‘처처萋萋’, 그리고 ‘불귀不歸’는 어떤 뜻을 갖는 말인가? 왕일王逸은 『초사장구楚辭章句』에서 다음과 같이 설명하고 있다.

春草生兮	만물이 잠동하고, 맹아가 돋아나는 것이다. 萬物蠢動, 抽萌芽也.
萋萋	기지를 늘이뜨리고 잎이 나며 꽃이 활짝 피는 것이다. 垂條吐葉, 紛榮華也.
不歸	옛 땅을 등지고, 집을 버리는 것이다. 違背舊土, 棄家室也.

26 胡仔, 『苕溪漁隱叢話』 “王維 「送別詩」 蓋用 『楚辭』 ‘王孫遊兮不歸, 春草生兮萋萋.’ 此善用事也.”

호자는 왕유의 이 시가 「초사」에 근본을 두고 있다고 하면서도, 작자를 알 수 없는 고시 "버드나무 푸른 가지 땅에 드리우고, 버들꽃은 어지럽게 하늘에 날린다. 버들가지 모두 꺾이고 꽃잎 모두 날리는데, 묻노라! 길 떠난 사람 언제나 돌아오려나楊柳青青著地垂, 楊花漫漫攪天飛. 柳條折盡花飛盡, 借問行人歸不歸?"와도 많이 비슷하다고 하였다.[27] 뿐만 아니라, 「당시본육조唐詩本六朝」라는 항목에서는 "당시 가운데 가구佳句는 육조六朝에서 비롯된 것이 많다. 옛사람들은 남의 시를 끌어온 것이 매우 많은데, 대략 옛사람들이 잘 보지 못한 것 가운데 한두 개를 따온 것이다. 예를 들면 왕유의 …… '춘초년년록春草年年綠, 왕손귀불귀王孫歸不歸'이란 시는 유견오庾肩吾의 '하필유춘초何必游春草, 왕손자불귀王孫自不歸'라는 구절에서 비롯된 것이다. ……"[28]라고 하여, 왕유의 이 시가 유견오의 시를 본받은 것이라 하였다.

지금 왕유의 시가 굴원의 「초사」를 보고 한 것인지 한대의 악부를 보고 한 것인지 아니면 유견오의 시를 보고 한 것인지는 판단하기 어렵다. 하지만, 왕유의 시에서는 이러한 표현과 단어가 자주 등장하고 한국의 시인 가운데에는 정지승의 시작품 속에서 이러한 것을 많이 볼 수 있다.

정지승의 시도 왕유의 것을 본받은 것인지 「초사」를 본받은 것인지는 알 수 없지만, 왕유의 시에서와 마찬가지로 왕일이 「초사」의 해석에 바탕을 두고 정지승 시에서 춘초와 송별의 의미를 해석할 수 있을 것이다. 다음 「송서중送舒仲」이란 시에서 이러한 것을 잘

27 蔡正孫, 『詩林廣記』 卷5 "胡苕溪云, 此詩不知誰作, 其意與前詩略相似, 其用事則未盡善也."

28 王士禎, 『池北偶談』 卷12 "唐詩佳句多本六朝, 昔人拈出甚多. 略摘一二為昔人所未及者, 如王右丞, …… '春草年年綠, 王孫歸不歸.' 本庾肩吾 '何必游春草, 王孫自不歸.' ……"

살필 수 있다.

> 양류에 내 낀 신륵사 머리에는,
> 아름다운 배 한 척 흘러 내려오네.
> 이별한 뒤에는 한가한 꿈꾸지도 못할 것이니,
> 때는 푸른 봄이지만 마음은 이미 가을과 같네.
>
> 楊柳和烟甓寺頭, 蘭橈佳棹下中流.
> 弟兄別後無閑夢, 時在青春意已秋.

벗과의 이별은 계절도 의미를 잃게 한다. 벗을 떠나보내는 때는 수양버들 늘어지고 푸른 풀이 돋아나는 때이지만 마음은 가을과 같다고 한 이 시에서 그러한 마음을 읽을 수 있다. 「춘초정春草亭」이란 시에서는 "꽃다운 풀도 봄빛을 알건만, 어찌해서 떠난 뒤 돌아오지 않는가芳草知春色, 如何去不還?"라고 하여, 떠나간 뒤에 봄풀은 다시 푸르렀건만 벗은 돌아오지 않는 마음을 읊었다.

봄풀은 죽은 듯 시들고 말랐던 대지가 소생하는 것을 대변하는 것이다. 이것은 재생의 환희를 대변하는 것이며 희망을 상징하는 것이다. 이처럼 환희와 희망이 넘치는 봄날 누군가를 떠나보내는 것은 여느 때보다 더 견디기 어려운 일이다. 정지승의 시에서 봄풀과 헤어짐이 어우러진 것은 바로 성당의 시인 왕유가 그랬듯이 봄풀 돋아나는 좋은 때에 아끼는 사람과 헤어져야 하는 야속한 심사를 매우 효과적으로 읊고 있는 것이다.

3. 표현기법表現技法 상上의 특성特性

1) 과장법誇張法으로 부풀리기

송나라 때의 대표적인 시화서 가운데 하나인 위경지魏慶之의 『시인옥설詩人玉屑』에서는 '구절은 호방하지만 이치에 어긋나지 않는다句豪而不畔於理'라는 제목 아래에 "시를 읊음에 호방한 구절을 짓기를 좋아하지만, 모름지기 이치에 어긋나지 않아야만 좋다. 예를 들면 동파東坡의 「관최백동경도觀崔白冬景圖」에 이르기를, '부상에는 큰 고치가 항아리만 한데, 직녀는 은하수 가에서 비단을 짜네 …扶桑大繭如甕盎, 天女織綃雲漢上. 往来不遺鳳銜梭, 誰魼鼓臂投三丈'라 하였는데, 이 시는 말이 호방하면서 매우 공교하다. 석민약石敏若의 「귤림문橘林文」 가운데에 있는 「영설詠雪」이란 시의 '연남 지방의 눈은 손바닥만하고, 처마에 달린 얼음기둥은 천 길이나 된다燕南雪花大於掌, 氷柱懸簷一千丈'라는 말은 호방하기는 호방하다고 할 수 있지만, 어디에 그처럼 높은 집이 있겠는가? 내가 보건대 이태백李太白은 「북풍행北風行」에서, '연산의 눈꽃이 방석만큼이나 크다燕山雪花大如席'라 하였고, 「추포가秋浦歌」에서는 '흰 머리가 삼천 발이나 된다白髮三千丈'라 하였는데, 그 구절은 과장이 심하다고 할 수 있지만, 어찌 이러한 이치가 없겠는가?"[29]라고, 송나라 초기의 문인 호자가 편한 『초계어은총화』

29 魏慶之, 『詩人玉屑』 卷3 「句法」. 이 내용은 胡仔의 『漁隱叢話』 「後集」 卷26에나온 내용을 축약해서 실어놓은 것인데, 『어은총화』의 전문은 다음과 같다. "『藝苑雌黃』云, 吟詩喜作豪句, 須不畔於理, 方善. 如東坡「觀崔白驟雨圖」云, '扶桑大繭如甕盎, 天女織綃雲漢上. 往來不遺鳳唧梭, 誰能鼓臂投三丈.', 此語豪而甚工. 石敏若「咏雪詩」有'燕南雪花大於掌, 氷柱懸簷一千丈'之語, 豪則豪矣, 然安得爾高屋邪? 雖豪覺畔理, 或云, '「咏雪」非敏若詩, 見鮑欽止『夷白堂小集』.' 苕溪漁隱曰, '『東坡集』載此詩是題趙令晏, 崔白大圖幅徑三丈故云. 〈來不遺鳳唧梭, 誰能鼓臂投三丈〉, 可謂善造語, 能形容者也. 『畫品』中止有李營丘驟雨圖, 從無崔白者, 兼東坡此詩,

의 내용을 축약하여 소개하였다.

호자는 『예원자황藝苑雌黃』이라는 책에 전하는 내용을 소개하면서 자신의 견해를 곁들어 시작에 있어서의 과장법에 대해 논하고 있다. 요지는 과장이 심하더라도 이치에 어긋나지만 않으면 상관이 없다고 하였다.

흥미 있는 것은 석민약石敏若이 지은 「귤림橘林」이란 글 가운데 수록이 되어 있는 「영설詠雪」이란 구절에 "연남설화대어장燕南雪花大於掌, 빙주현첨일천장氷柱懸簷一千丈"라는 말이 있는데, 이 말이 수사로서 과장의 수법으로 쓰인 것이기는 하지만, 어찌 그렇게 큰 집이 있겠는가라고 하여 이치에 어긋나서 좋은 표현이 될 수 없다고 하였다.

하지만 이태백李太白의 「북풍행北風行」에 보이는 "연산설화대여석燕山雪花大如席"라는 구절과 「추포가秋浦歌」에 보이는 "백발삼천장白髮三千丈"라는 구절은 과장법의 대표격인 것인데 이에 대해서는 "그 구절은 과장이 심하다고 할 수 있지만, 어찌 이러한 이치가 없겠는가其句可謂豪矣, 奈無此理何如?"라 하여 긍정적으로 평가하고 있음을 볼 수 있다.

사실 이치에 어긋난 것으로 따지면, 석민약의 표현은 이백의 표현에 비하면 어린 아이의 수준에 불과하다고 할 것이다. 하지만, 석민약의 것은 이치에 어긋났고, 이백의 표현은 이러한 이치가 어찌 없겠느냐고 했다.

又云, 〈人間刀尺不敢裁, 丹青付與濠梁崔. 風蒲半折寒雁起, 竹間的皪橫江梅.〉, 乃是崔白冬景圖. 『藝苑』以為驟雨圖, 誤矣. 余又觀李太白「北風行」云, 〈燕山雪花大如席〉, 「秋浦歌」云, 〈白髮三千丈〉其句, 可謂豪矣, 奈無此理, 何如? 秦少游「秋日絶句」, 〈連卷雌蜺拱西樓, 逐雨追晴意未休. 安得萬粒相向舞, 酒酣聊把作纏頭.〉, 此語豪而且工.'"

이는 바로 과장을 통하여 자신이 말하고자 하는 내용을 표현함에 석민약은 사물을 과장하여 이야기했기 때문에 이백에 비하면 과장의 정도가 약함에도 불구하고 지나친 과장이라 폄하되었고, 이백은 과장을 통하여 뜻을 말하였기 때문에 그러한 이치가 있을 것이라 하였다. 백발이 사실 한 발만큼도 크기가 어려우므로, 삼천 발이라 한 것은 현실과 크게 어긋나지만, 문득 백발을 보고 놀라는 마음으로는 백발이 삼천 발이 아니라 삼만 발이라 한들 크게 잘못될 것이 없다는 것이기도 하다.

이러한 과장법은 이백의 자신의 마음을 표현하는 데에 자주 활용하였던 것으로 「등오노봉登五老峰」이란 시에서도 이러한 것을 확인할 수 있다. 그는 "오노봉五老峰을 붓으로 삼고, 삼상三湘을 연지硯池로 삼으며, 푸른 하늘을 종이 삼아, 내 뱃속의 시를 쓰노라五老峰爲筆, 三湘作硯池. 靑天一張紙, 寫我腹中詩."라 하여, 마음속의 큰 뜻을 풀 길이 없음을 이렇게 허풍을 쳐서 말하였지만 그 구절이 자연스럽게 이해가 되는 것이다.

정지승도 「곡이자유哭李子由」란 시에서 이자유가 죽고 난 뒤의 외롭고 쓸쓸한 심경을 "금일 세상에는 나만 홀로 남았으니, 하늘에 닿는 울음소리로 큰 강의 동쪽으로 보내네今日世間吾獨在, 徹天聲送大江東."라고 하였다. 정지승의 과장은 이에서 그치지 않고 「대주작對酒作」에서는 이에서 한 술 더 나아가 다음과 같이 말하였다.

> 사람들이 무슨 일로 불경을 읽느냐 하면,
> 웃으며 삼생에 원이 많아 그렇다고 대답한다네.
> 빗방울이 대합조개와 같은데 강으로 술을 삼아,
> 배에 가득히 풍월을 싣고 취하여 피리를 분다.

人言何事念彌陀, 笑答三生願許多.

天雨蛤蜊江作酒, 滿船風月醉笙歌.

빗방울이 대합조개와 같다는 것은 강물에 떨어져 생기는 파문이 대합조개와 같다는 것인데, 강으로 술을 삼는다는 것은 양을 과장한 것이다. 술을 마주하고 끝없이 안주와 술을 마시며 고뇌를 잊으려하는 심경을 과장법을 통하여 이렇게 표현하였다. 「송인제임소送人霽任所」에서는 사람을 떠나보내는 애석한 마음을 다음과 같이 부풀려서 표현하였다.

젊은 날 남쪽 고을에서 미친 짓 곧잘 하여,

누대에 올라 노래하고 피리 부니 온 동네 떠나갈 듯.

동쪽 강이 포도주로 변한다 하여도,

북쪽의 손님은 비단같은 속내를 말하지 마오.

천리 길 떠나며 절하는 사람 옥같이 아름답고,

봄을 맞아 고향을 돌아보노라니 귀밑머리 서리 같네.

사람을 그리며 옛일을 생각하니 마음을 달랠 길 없고,

돌아가는 그대를 보내노라니 생각은 아득해지네.

少日南州慣放狂, 倚樓歌管動千場.

東江變作葡萄酒, 北客休言錦繡腸.

千里折腰人似玉, 一春回首鬢如霜.

懷人感舊情無賴, 却送君歸意杳茫.

여기서는 사람을 보내는 작자의 애석한 마음을 술을 아무리 많이 마시더라도 떠나가는 사람의 속내를 밝히지 말라고 하며 이별의 슬픔을

삭이는 뜻을 드러내었다. 동강이 포도주로 변하여 그것을 모두 마셔서 크게 취한다 하더라도 이별을 말하지 말하는 것에는 이른바 '정석가식鄭石歌式 표현表現'[30]이 활용되어 작자의 심경을 드러내고 있다.

이처럼 정지승의 시에서는 단순히 과장법만 자주 쓰인 것이 아니라, 가정법이 함께 쓰임으로 해서 불가능한 초현실의 과장이 만약 현실로 된다면, 어찌 하겠다는 혹은 어찌 하라는 뜻으로 강한 부정을 드러낸 것을 볼 수 있다.

2) 인명人名으로 에둘러 표현하기

이규보李奎報는 시에서 써서는 안 되는 아홉 가지 체를 '구불의체九不宜體'라 하고, 그 가운데 하나로 고인의 이름을 시에서 많이 거론하는 것을 '재귀영거체載鬼盈車體'라 한 바 있다. 이는 물론 고인에 대해 평하는 일이나 고인을 활용하여 시구를 짓는 일을 모두 포함하는 것인데, 이러한 일은 후대로 내려올수록 많아지게 되는 것이 당연한 귀결인지도 모르겠다. 따라서 당나라 때에 이르러서는 이러한 작법이 흔해져서 우열이 드러나기도 하여 그에 대한 찬반 논쟁도 일어났는데, 이에 대해 송나라 때의 범희문范晞文은 『대상야어對床夜語』에서는 다음과 같이 말한 바 있다.

> 시에서 옛 사람의 이름을 많이 사용하는 것을 전배들이 점귀부點鬼簿라고 일컬었다. 이는 대개 시가 그 이름에 휘둘리는 것을 싫어해

30 이 용어는 李圭虎가 「鄭石歌式 表現과 시간의식」(『한국고전시학론』, 새문사, 2008)이란 글에서 사용한 바 있다.

서이다. 그렇지만 두보의 "다만 탁문군이 민속을 교화시킨 것만을 볼 뿐, 어찌 이광이 제후에 봉해지지 않은 것을 알랴君能化俗, 焉知李廣不封侯?"라는 구절과 "오늘 조정에서는 급암만을 구하는데, 중원의 장수들은 염파를 그리워한다今日朝廷須汲黯, 中原將帥憶廉頗."라는 구절 등은 모두 옛 사람의 이름을 빌어다가 지금의 일을 드러내었으나, 많다고 무슨 문제가 있는가?[31]

이규보가 '재귀영거체'라 한 것이 진작부터 옛 사람의 이름을 시에 쓰는 것을 점귀부라 했다는 데에서 비롯되었음을 알 수 있다. 그런데 여기에서 이렇게 시에 고인의 이름을 쓰는 것을 점귀부라 비아냥거리는 뜻으로 일컫게 된 까닭은 고인의 이름을 시에 쓸 경우 시의 뜻이 그 인명과 관련된 일에 매몰되어 시의 뜻이 왜곡될 수 있기 때문에 이것을 싫어한다고 하였다.

역사적으로 행적이 드러난 사람을 시에 쓰게 마련이고 그렇게 되면 그 사람의 인명이 갖고 있는 감염력이 커서 시 전체의 뜻이 제대로 전달될 수 없다는 것이다. 그러나 이것도 하기에 따라 다르다고 하였다. 두보의 경우 이름을 써서 지은 시가 있지만, 이 시들은 모두 옛것을 빌어다가 지금의 일을 밝히는 데에 사용하였기 때문에 노리어 시의 뜻이 분명히 드러나게 된다고 하였다. 이러한 경우에는 인명을 많이 써도 괜찮으며, 이러한 시가 많다고 해서 해가 될 것이 없다고 하였다.

호자도 그의 『초계어은총화』에서 "사람의 이름을 쓰는 것을 전배

31 范晞文, 『對床夜語』 卷3 "詩用古人名, 前輩謂之點鬼簿 蓋惡其為事所使也 如老杜 '但見文君能化俗, 焉知李廣不封侯.' '今日朝廷須汲黯, 中原将帥憶廉頗.' 等作, 皆借古以明今, 何患乎多?"

들이 기롱하였다. 시를 지음에 옛 사람의 이름을 많이 사용하는 것을 점귀부點鬼簿라고 한다. 말이 비록 이와 같기는 하지만, 어떻게 사용하느냐에 따라 다르니, 고집하여 하나로 정해서는 안 된다. 예를 들면, 산곡山谷은 「종죽種竹」이란 시에서 '정영과 공손저구는 어려운 절개를 세웠고, 백이와 숙제는 고사리를 먹어 수척하였다程嬰杵臼立孤難, 伯夷叔齊食薇瘦'라 하였고, 「접화接花」에서는, '중궁仲弓은 본래 천악賤惡한 사람의 아들이고, 자로는 원래 비천한 사람이다雍也本犁子, 仲由元鄙人' 하였다. 이 시들은 비록 사람의 이름을 많이 사용하기는 했지만, 훌륭한 비유가 되었으니, 좋은 구절이 되는데 무슨 문제가 있으랴?"[32]라고 하여 인명을 쓰는 것이 나쁜 것이 아니라 어떻게 쓰느냐에 그 성패가 달려 있다고 하였다.

말하자면, 시에서 인명을 쓰는 일은 꺼리는 것이지만, 두보가 그랬듯이 당시에서는 인명이 갖는 함축을 시에서 잘 활용하여 도리어 시의 뜻을 잘 표현하고 쉽게 전달하는 효과를 가져왔다고 하였다. 이러한 것은 사실 두보뿐만이 아니라 왕유의 경우에서도 찾아 볼 수 있다.

왕유는 「식부인息夫人」이란 시에서 "지금 총애를 받는다고, 옛날의 은혜를 잊지 마오. 꽃을 보아도 눈에는 눈물 뿐, 초왕과는 이야기조차 하지 않았네莫以今時寵, 能忘舊日恩. 看花滿眼淚, 不共楚王言."라고 하여, 춘추시기 강국 초나라 왕에게 총애를 받게 되었지만, 전남편 식후息候를 잊지 못하였던 식부인息夫人이라는 역사적 인물을 통하여 당의 영왕寧王이 부침개 장수의 아내를 강제로 빼앗는 행위가 옳

32 魏慶之, 『詩人玉屑』「用事」卷7 "用人名, 前輩譏, 作詩多用古人名姓, 謂之點鬼簿, 其語雖然如此, 亦在用之如何耳, 不可執以為定論也. 如山谷種竹云, '程嬰杵臼立孤難, 伯夷叔齊食薇瘦.' 接花云, '雍也本犁子, 仲由元鄙人.' 此雖多用善於比喻, 何害其為好句也?"(漁隱)

지 않음을 드러내었다. 이 시를 통하여 인명을 통하여 자신의 뜻은 비유적으로 표현하는 당나라 시의 전형을 볼 수 있다.

정지승의 시에서도 인명을 통하여 자신의 뜻을 나타낸 것이 많은데, 김은정은 「쌍계사차익지雙溪寺次益之」라는 시를 분석하고 이 시에서 주목을 요하는 점은 '쌍계사雙溪寺' '고운孤雲' '진감眞鑑' 등 고유명사를 많이 사용하였다는 점이라 하면서 "일반적으로 고유명사를 쓰게 되면 현실성과 구체성을 확보하는 동시에 강건한 의경을 창출하게 된다. 특히 중국이 아닌 조선의 지명이나 인명을 씀으로서 중국시의 모방이나 답습에 머물지 않고 한국적인 한시를 정립할 수 있게 된다."[33]고 하여, 고유명사를 쓰는 것은 현실성과 구체성의 확보, 강건한 의경의 창출, 한국적 한시의 정립에 초점을 맞추었다.

하지만 정지승의 시에서 고유명사 특히 인명을 사용한 것은 김은정이 지적한 몇 가지와는 별도로 정지승의 여러 작품에서는 자신이 말하고자 하는 뜻을 직접 말하지 않고 간접적으로 우회적으로 표현함으로써 오히려 자신의 생각과 주장, 그리고 느낌을 더욱 강력하게 독자에게 제시하는 효과가 있음을 볼 수 있다. 정지승은 「송황사군혁送黃使君爀」에서 인명을 활용하여 황혁이란 인물이 청산을 좋아하고 시를 즐긴 것을 다음과 같이 말하였다.

> 나라 선비 가운데 黃爀만한 이가 없으니,
> 강해에 사신으로 다니지만 밝은 때에 어떠하겠는가?
> 매화 핀 동각에는 좋은 흥이 일어나니,
> 謝眺가 청산을 즐기듯 何遜이 시를 짓듯.

33 金垠廷, 「鄭之升의 삶과 시세계」, 『한국한시작가연구』 7권, 2002, 305~306쪽.

國士無雙黃晦之, 一麾江海奈明時.

梅花東閣動佳興, 謝眺靑山何遜詩.

사조謝眺는 육조시대 인물로 은거하여 산수를 즐기며 살았던 인물이며, 하손何遜도 남조시대의 인물로 시를 잘 지었다. 그는 사조와 하손을 가져다가 황혁이 시골 사또로 가게 되어 애석하지만, 한편으로는 그가 좋아하는 산수를 접할 수 있고, 시를 맘껏 지을 수 있어 좋을 것이라며 위로하는 뜻을 이렇게 표현하였다. 「춘초정春草亭」이라 시에서는 다음과 같이 말하였다.

왕손이 행락을 즐기던 곳에,
한 번 들러 한 번 길게 탄식한다.
부귀는 신릉군의 뒤를 이었고,
풍류는 王導와 謝安의 사이에 있네.
누대에서 지는 해를 바라보았고,
가무를 즐기며 청산을 마주 했었네.
꽃다운 풀도 봄빛을 알건만,
어찌해서 떠난 뒤 돌아오지 않는가?

王孫行樂地, 一過一長歎.
富貴信陵後, 風流王謝間.
樓臺看落日, 歌舞對靑山,
芳草知春色, 如何去不還.

이 시는 누군가를 떠나보낸 뒤에 춘초정에서 함께 했던 일을 회상하며 그가 빨리 돌아오기를 기다리는 마음을 읊었다. 그와는 누대에서 지는 해를 바라보기도 하였고, 청산을 바라보며 가무를 즐기기도 했던 일을 떠올리며, 봄이 와서 풀도 꽃을 피우건만 떠나간 사람은 돌아올 줄 모른다고 야속해 했다.

그런데 떠나보낸 사람이 어떤 사람인가는 구체적으로 드러나 있지는 않지만, 부귀는 신릉군의 뒤를 이을 정도이고, 풍류는 진나라의 재상으로 있었던 왕도와 사안의 중간에 있다고 했다. 여기에 드러난 인물들은 모두 작자의 뜻을 비유하는 뜻으로 쓰였다.

그런데 이러한 인물을 비유적 수단으로 끌어다 쓰는 경우에는 인물이 갖는 함의를 그대로 쓰는 경우와 뒤집어 사용하는 경우가 있는데, 정지승의 경우에 중선이란 인물을 시에 활용하는 데 있어 이 두 가지를 모두 사용하고 있다. 「홍양증사제洪陽贈舍弟」라는 시와 「강정차자순江亭次子順」이라는 작품이 바로 그러한 예이다.

「홍양증사제洪陽贈舍弟」에서는 객지에서 동생에게 주면서 타향에서도 잘 지내고 있음을 말하면서 "타향에서는 그윽한 흥취도 많으니, 어찌 중선처럼 누대에 올라 울건가他鄕幽興足, 何用仲宣樓?"라고 하였다. 본래 중선은 고향 혹은 고국을 떠나 있는 사람이 누대에 올라 고향을 그리워하는 뜻을 대변하는 것으로 쓰였지만 여기에서는 타향에 있으면서도 중선처럼 누대에 올라 울 필요가 없다고 하여 타향에서 흥겹게 잘 지내고 있음을 말하였다. 반면에 「강정차자순江亭次子順」에서는 "십리 대궐에서는 소식이 있어, 북풍에 부질없이 중선의 마음을 위로 하네十里禁城消息在, 北風空慰仲宣襟."라고 하여, 왕찬王粲이 형주荊州로 피난 가서 고토故土를 그리워하며 「등루부登樓賦」를 지었던 것처럼 객지에서 고향을 그리워하는 임제를 위로하는 데에 활용하고 있다.

이상에서처럼 정지승의 시에는 인명이 많이 활용되어, 그 인물이 가지고 있는 역사적 배경 등에서 형성된 이미지를 자신의 뜻을 표달하는 데에 간접적으로 활용하고 있는 것이다.

3) 흥취興趣로 논리論理를 뛰어넘기

전송열은 「강주즉사」 혹은 「상춘」이라 불리는 정지승의 대표작의 당시적 요소 가운데에서도 흥취가 뛰어남에 대해 "주지하다시피 당시는 시의 내용이 아니라 흥취를 중요시 여긴다. 따라서 이 시 또한 내용상으로 볼 때는 별다른 의미가 없다. 오히려 당시에서 흔하게 반복되는 소재만으로 시적 감정을 최대한 유로시키고 있을 뿐이다. 즉 어느 봄날에 보이는 풀잎에서, 그리고 두견새 소리에서 끝없는 한과 시름을 불러일으키며 돌아오지 않는 님을 그리워하여 슬퍼할 뿐이다. 이 시에서는 바로 이러한 감정과 흥취가 당시 특유의 시적인 가락과 함께 극대화되어 나타나 있다는 점에서 호평을 받은 것이다."[34]라고 한 바 있다.

전송열의 이 논의는 익히 알려진 바와 같이 송시는 이론과 고실을 중시하지만, 당시의 가장 큰 특징은 바로 흥취에 바탕을 두고 있다는 것을 근거로 「강주즉사」를 논평한 것이다. 당시의 이러한 성격을 가장 먼저 정확하게 지적한 사람은 바로 엄우嚴羽이다. 그는 『창랑시화滄浪詩話』에서 "시란 정성情性을 읊는 것이다. 성당盛唐의 여러 시인들의 뛰어난 점은 오로지 흥취興趣에 있었다. 령양羚羊이 뿔을 거는 것과 같이 자취를 찾을 수 없다. 그러므로 묘하게 잘된 곳은

34 전송열, 「叢桂堂 鄭之升의 삶과 詩世界」, 『열상고전연구』 제14집, 2001, 91쪽.

훤히 영롱하게 빛나 어느 한 가지로 규정지을 수는 없다. 공중에서 나는 소리, 잔상 속의 빛, 물속의 달, 거울 속의 모습과 같아 말은 다하였으되 뜻은 끝이 없는 것이다."[35]라고 한 바 있다.

우리나라에서 당시적 경향을 가진 시의 특징도 바로 이러한 흥취를 중시하는 측면에서 확인할 수 있는데, 정지승의 시 가운데에도 이러한 특징을 보이는 작품이 상당히 많이 있다. 이미 앞에서 살펴본 「강주즉사」의 1-2구인 "풀에는 왕손의 한이 스며 있고, 꽃에는 두견이의 근심이 서려 있네草入王孫恨, 花添杜宇愁."라는 구절에서, 풀에 왕손의 한이 서렸다는 것과 꽃에 두견의 근심이 서렸다는 것은 논리를 뛰어넘는 당시적 특성을 그대로 보여주고 있다. 다음의 「춘초정송별春草亭送別」에도 이러한 것이 잘 드러나 있다.

> 강산 속 누대 곁에는 낚시터가 있는데,
> 창에 들어오는 경치 적막하고 사립문도 닫혔네.
> 왕손의 남은 한이 봄풀에 스몄는데,
> 나그네는 무슨 마음으로 지는 해를 원망하나?
> 지난날의 풍류가 지금도 아직 남아 있어,
> 당시의 인사가 몇 번이나 그릇되었는가?
> 가을바람이 또 일어나니 물가에서 이별하며,
> 홀로 조각배에 기대니 눈물이 옷을 적시네.
>
> 江山樓臺傍釣磯, 入窓寥落掩朱扉.
> 王孫有恨留春草, 客子何心怨落暉.

35 嚴羽, 『滄浪詩話』「詩辯」"詩者, 吟詠情性也. 盛唐諸人, 惟在興趣. 羚羊掛角, 無跡可求, 故其妙處, 透徹玲瓏, 不可湊泊. 如空中之音, 相中之色, 水中之月, 鏡中之象, 言有盡而意無窮."

去日風流今尙在, 當時人事幾回非.
秋風又作沙頭別, 獨倚扁舟淚濕衣.

춘초정春草亭에서 송별을 하며 지은 시이다. 춘초정은 북창 정렴鄭磏의 아우인 정현鄭礥의 정자인데, 정현은 자가 경서景舒, 호는 만죽萬竹이며, 바로 정지승의 아버지이다. 생부는 본래 정첨이지만, 정현에게 입계하였다. 자신의 정자에서 누군가를 떠나보내는 슬픔을 노래하였다. 정지승은 여기에서 「강주즉사」에서와 같이 "왕손의 남은 한이 봄풀에 스몄는데王孫有恨留春草"라고 하였다. 왕손의 한이 봄풀에 스몄다는 똑같은 비논리적 표현이 반복되는 것이다.

이처럼 자신의 감정이 어떤 사물에 스몄다거나 들어갔다는 표현은 정지승이 즐겨 표현하던 것이고, 이것은 당시적 특징은 대변하는 것 가운데 하나이다. 「송신질부입양산送申質夫入楊山」이라는 시에서도 벗을 떠나보내는 슬픔을 이와 똑같은 방식으로 표현하고 있음을 볼 수 있다.

소나무 바람소리 가늘게 울려 가을 하늘에 가득한데,
북두성은 반짝반짝 한밤중에 빛나네.
병풍으로 촛불 둘러치고 운우의 꿈을 꿔도 무방하지만,
패옥 가락지처럼 사방에서 불어오는 바람을 어찌 할건가?
부드러운 마음은 멀리 하늘 가 풀에 맺혀있고,
이별의 한은 깊이 우물가의 오동에 더하였네.
진중한 이 마음을 누가 이해할 것인가?
매우 깊은 곳에 우리 공을 보내주오.
松濤細響滿秋空, 星斗闌干午夜中.

屏燭不妨雲雨夢, 珮環其奈馬牛風.
柔腸遠結天邊草, 別恨深添井上桐.
珍重此懷誰料得, 十分深處送吾公.

신박申樸이 양산楊山에 들어가는 것을 보내며 지은 시이다. 신박은 1555년에 태어났으니, 1550년대 태어난 정지승과 5살 차이가 나는데, 선조 38년(1605)에 진사시에 합격하였다. 정지승은 벗 신박을 떠나보내는 슬픔을 "부드러운 장은 멀리 하늘가에 풀에 맺혀있고, 이별의 한은 깊이 우물가의 오동에 더하였네柔腸遠結天邊草, 別恨深添井上桐."라 하였다. 부드러운 창자가 하늘 가 풀에 맺혀 있다는 것과 이별은 한이 우물가 오동에 더하여졌다는 것은 논리에 맞지 않는 소리다.

하지만, 이 시의 이 구절이 논리와 사리에 맞지 않는다고는 하지만, 말이 되지 않는 것은 아니다. 이 시에서 작자는 자신의 슬픔을 이렇게 표현하였을 뿐이다. 이 시구에서 중요한 것은 구절의 표면적 뜻이 아니라, 글자의 이면에 숨겨져 있는 뜻이다. 곧 조합된 글자가 드러내어주는 뜻보다는 그 너머의 흥취 즉 언외지미를 보아야 이 시는 제대로 이해될 수 있는 것이다. 이처럼 흥취를 강조하는 정지승의 당시적 시풍은 그의 「송우인봉모귀호남送友人奉母歸湖南」이란 시의 5-8구에 드러난 내용을 통해서도 확인할 수 있다.

매화꽃은 마음속으로 좋은 비를 생각하고,
버들가지는 힘이 없어 봄바람을 익힌다.
세월은 시 짓는 사람을 위해 머물지 않는데,
말 한 필과 두 어린아이를 데리고 나도 동으로 간다.

梅蕚有心思好雨，柳條無力習春風.
光陰不爲騷人住，匹馬雙童我亦東.

이 네 구절은 모두 논리가 서지 않은 글이다. 특히 5-6구에서 "매화꽃은 마음이 있어 좋은 비를 생각하고, 버들가지는 힘이 없어 봄바람을 익힌다."라는 말은 전혀 논리적이지 않다. 매화꽃이 생각하거나 버들가지가 익히는 것은 사실과 거리가 멀다. 다만 시에서 흔히 의인화의 수법을 통하여 매화꽃도 무엇을 생각하기도 하고 버들가지도 어떤 기능을 익힌다고 할 수도 있으나, 이 구절에서는 마음이 있다는 것과 힘이 없다는 것을 통하여 이중적으로 논리를 뛰어넘는 표현이 되었다.

이상에서처럼 정지승은 논리를 뛰어넘음으로써 자신이 전달하고자 하는 뜻을 강력히 전달하는 흥취를 얻어 남들이 모두 인정하는 당시적 특성을 가지게 되었다고 하겠다.

4. 맺음말

이상에서 당시풍을 가진 것으로 평가되는 정지승의 시에서 당시풍 가운데에서도 어느 시기 누구를 본받았는가? 또 정지승의 시에서 내용상으로 가장 당시적인 특징은 무엇이며, 이것은 당나라 누구의 어느 시에서 비롯된 것인가? 표현기법 상으로 당시적 특징이라 할 수 있는 것은 무엇이며, 그 내용은 무엇인가 하는 것을 살펴보았다.

정지승의 시가 임제와 같이 만당풍을 가졌다고 평가를 하는 경우도 있으나 그의 시가 최국보, 낭사원 등 성당 때 시인의 시와 비슷하다는 지적이 있었고, 그의 여러 시에 보이는 몇몇 구절과 의경은 그가 성당의 대표시인 가운데 한 사람인 왕유와 닮아있음을 확인할 수 있었다.

그리고 그의 시 가운데에는 왕손이란 말이 자주 등장하고, 이와 함께 왕손의 정한을 노래한 것이 많았으며, 춘초를 유독 많이 읊었고 이와 관련하여 송별을 노래하였는데, 이러한 것들도 모두 「초사」에 바탕을 왕유의 작품에서 비롯된 것임을 확인하였다.

표현기법으로는 과장법으로 부풀리기, 인명으로 에둘러 표현하기, 홍취로 논리를 뛰어넘기 세 가지를 들었는데, 이 세 가지는 당시의 특징을 대표하는 것으로 거론되는 것이다.

특히 과장법은 이백 등의 예에서 볼 수 있는 바와 같이 당시를 대표하는 특징 가운데 하나인데, 정지승은 「곡이자유」, 「대주작」 등의 시에서 과장법을 활용하여 자신의 뜻을 표현하였고, 「대주작」에서는 과장법과 함께 가정법을 써서 불가능한 초현실의 과장을 통하여 강한 부정의 뜻을 드러내었다.

정지승의 시에는 고유명사가 많이 등장하며 그 가운데에서도 인명이 많이 활용되었다. 그런데, 이 인명은 단순히 어떤 사람을 지칭하는 고유명사가 아니라, 그 인물이 가지고 있는 역사적 배경 등에서 형성된 이미지를 자신의 뜻을 표달하는 데에 간접적으로 활용하고 있는 것이다.

논리를 뛰어넘는 홍취는 당시의 가장 큰 특징으로 송대 이후 일컬어지는 것인데, 정지승은 「강주즉사」를 비롯한 많은 시에서 겉으로는 논리에 맞지 않는 말을 사용함으로써 자신이 의도한 내용을 더욱 배가시키는 데에 활용하고 있음을 볼 수 있다.

참고문헌

鄭之升,『叢桂堂詩集』(『北窓古玉兩先生集』 수록본)

鄭𥖝·鄭碏,『北窓古玉兩先生集』(鄭粲好 刊行, 1962)

嚴羽,『滄浪詩話』「詩辯」

魏慶之,『詩人玉屑』 卷7「用事」

范晞文,『對床夜語』 卷3

王士禎,『池北偶談』 卷12

胡仔,『漁隱叢話』「後集」 卷9「王右丞」

王逸,『楚辭章句』

洪興祖,『楚辭補註』

許筠,『鶴山樵談』

許筠,『國朝詩刪』

韓致奫,『海東繹史』 卷48「藝文志」

李睟光,『芝峯類說』 卷13「文章部」 6「東詩」

梁慶遇,『霽湖集』 卷9「詩話」

洪萬宗,『詩評補遺』 上篇

尹新之,「北窓古玉兩先生集序」

成海應,『研經齋全集』 卷55「草榭談獻」 2「鄭之升·李之蕃」

金垠廷,「鄭之升의 삶과 시세계」,『한국한시작가연구』 7권, 2002, 285~321쪽.

朴秉益,「叢桂堂 鄭之升의 詩 研究」,『한국문학연구』 제30집, 2006, 389~413쪽.

李家源,『韓國漢文學史』, 民衆書館, 1976.

전송열,「叢桂堂 鄭之升의 삶과 詩世界」,『열상고전연구』 제14집, 2001, 69~98쪽.

정상균,「언어와 문학 – 鄭之升의 시「汀洲卽事」 분석을 중심으로 –」,『한국언어문화학』 제2권 제1호, 2005, 249~264쪽.

序 文

"정공이 어찌 시인일 뿐이겠는가?
그의 학술의 정미함과 역량의 웅위함을 옛 사람에게서 구한다고 하면,
제갈공명이나 왕경략의 무리에 버금가는 사람이다.
하늘이 만약 더 오래 살도록 허락했다라면,
그의 성취를 어찌 헤아릴 수 있겠는가?"

- 우계 성혼

조위한*의 서문*
趙緯韓序

내가 어렸을 적에 원외員外 정원량鄭元亮[1]과 죽마竹馬를 타던 친구로서 그의 집 뜰에서 놀 때에 때때로 울과 벽의 틈으로 총계당叢桂堂의 의범儀範을 살폈었다. 옥같은 얼굴빛은 환하였고, 문채는 사람의 마음을 끌었는데, 아름답기가 마치 고야산인姑射山人[2]과 같았다. 지금도 늘 한스러운 것은, 그때 나이가 아직 어리고 어리석어서 옷깃

* 조위한(趙緯韓) : 1567~1649. 조선 중기의 문신. 본관은 한양(漢陽). 자는 지세(持世), 호는 현곡(玄谷). 1601년 사마시를 거쳐 1609년(광해군 1) 증광문과에 갑과로 급제, 주부(主簿)·감찰 등을 지냈다. 그 뒤 동부승지·직제학을 지내고, 벼슬이 공조참판에 이르렀으며, 80세에 자헌대부에 오르고 지중추부사(知中樞府事)를 지냈다. 글과 글씨에 뛰어났으며 해학(諧謔)에도 능하였다.

* 이 글은 조위한의 『현곡집』에 있는 내용과 많이 다르므로, 『현곡집』에 있는 글을 첨부하여 참고하도록 하였다.

1 정원량(鄭元亮) : 조선 중기의 인물로 정지승(鄭之升)의 아들 정회(鄭晦)이다. 원량은 그의 자이며, 호는 무송당(撫松堂)이고, 벼슬은 호조좌랑을 지냈다. 문집으로는 『무송당집』이 있다.

2 고야산인(姑射山人) : 고야선인(姑射仙人)이라고도 하는 신선을 말한다. 『장자(莊子)』 소요유(逍遙遊)에 "묘고야산(藐姑射山)에 신선이 있는데 살결이 빙설(氷雪) 같고 예쁘기가 처녀 같으며 곡식을 안 먹고 바람을 마시며, 구름기운을 타고, 나는 용을 제어하며, 사해의 밖에 노닌다[藐姑射之山, 有神人居焉, 肌膚若氷雪, 綽約若處子, 不食五穀, 吸風飮露, 乘雲氣, 御飛龍, 而遊乎四海之外]."라고 하였다.

을 여미고 당으로 올라가 몸소 가릉伽陵의 선음仙音[3]을 받지 못한 일이다. 그때 공은 이름이 경사에 크게 나서, 한때의 이름난 사람들이 모두 그에게 물밀 듯 달려가지 않는 사람이 없었다. 그 가운데에서도 유독 백호白湖 임제林悌[4]와 오봉五峰 이호민李好閔[5]과는 시사詩社를 결성하고 시편을 수창하여 사람들이 입으로 전파하였는데, 이공이 대개 항상 그 아래에 있었다고 한다.

공은 산수에 뜻을 두고 시끌벅적한 속세를 싫어하여, 서책을 싣고 용담龍潭의 회계산會稽山 속으로 들어갔다. 그윽하고 깊숙한 곳을 택하여 절벽에 붙여서 골짜기에 한 초당을 엮고 이름을 총계당叢桂堂이라고 하였다. 그곳에서 이리저리 거닐며 굽어보고 우러러보면서 날마다 시를 읊조렸는데, 표연히 속세를 벗어나서 물고기와 새랑 함께 지내면서 기심機心을 잊고자 하는 마음만 있었다. 우계선생牛溪先生[6]이 이곡李穀[7] 공을 좇아 공의 시고詩稿를 보고, 그 끝에 발을 지어

3 가릉(伽陵)의 선음(仙音) : 범어로 묘성안(妙聲雁)을 가릉빈가(伽陵頻伽)라고 하는데, '가릉의 선음'에서 가릉은 가릉빈가 즉 묘한 소리를 내는 기러기를 말하고, 선음이란 그 기러기가 내는 소리를 말하는 듯하다. 여기서는 '훌륭한 분의 좋은 말'이란 정도로 쓰인 듯하며, 총계당의 말을 뜻한다.

4 백호(白湖) 임제(林悌) : 1549~1587. 조선 중기의 시인. 자는 자순(子順), 호는 백호(白湖) · 풍강(楓江) · 소치(嘯癡) · 벽산(碧山) · 겸재(謙齋). 본관은 나주(羅州). 절도사 진(晉)의 맏아들이다. 20세가 넘어서야 성운(成運)을 사사하였는데, 1576년 28세에 속리산에서 성운을 하직하고, 생원 · 진사에 합격, 이듬해 알성시에 급제한 뒤 흥양현감 · 서도병마사 · 북도병마사 · 예조정랑을 거쳐 홍문관지제교를 지냈다. 『임백호집』 4권이 있다.

5 오봉(五峰) 이호민(李好閔) : 1553~1634. 조선 중기의 문신. 본관은 연안(延安). 자는 효언(孝彦), 호는 오봉(五峯) · 남곽(南郭) · 수와(睡窩). 1579년(선조 12)에 진사가 되고, 1584년에 별시문과에 을과로 급제하였다. 1585년 사관(史官)으로 발탁되고 계속해서 응교 · 전한을 역임하였으며, 집의 · 응교를 겸하였다. 1601년 예조판서로 인성왕후(仁聖王后)의 지문(誌文)을 다시 썼고, 대제학 · 좌찬성을 지냈다. 그 뒤 대광보국숭록대부(大匡輔國崇祿大夫)가 되고, 부원군(府院君)에 진봉되었다. 저서로는 『오봉집』 16권이 있다. 시호는 문희(文僖)이다.

6 우계선생(牛溪先生) : 조선 중기의 성리학자 성혼(成渾 : 1535~1598). 본관은 창녕(昌寧). 자는 호원(浩原), 호는 묵암(默庵) · 우계(牛溪). 현감 수침(守琛)의 아들로 서울 순화방(順和坊 : 지금의 순화동)에서 태어났으며, 경기도 파주 우계에서 거주하였다. 1583년에는 특지

말하기를, "정자신鄭子愼이 만산 가운데에 집을 짓고, 거문고를 타며 책을 읽으며, 외물을 구하지 않을 수 있었다. 이로써 그 뜻이 크고 빼어나며 그 절조가 맑고 장하여, 그 모습을 엿볼 수 없는 것이 있었다. 공경하고 찬탄하며 졸구拙句를 정성껏 써서 돌려보낸다."라고 하였는데, 그 시는 다음과 같다.

시궁詩窮[8]에 얽매이지 않고 기상은 절로 호방하여,
흥이 나서 붓을 들어 글을 쓰면 도도히 흐르는 물 같네.
구름을 능멸하는 구절[9] 맛볼 길 없는데,
신선들이 사는 산에 들어 지위도 높다네.

不坐詩窮氣自豪, 興來拈筆水滔滔.
無由咀破凌雲句, 參得仙山地位高.[10]

그의 시도가 한 때에 중시된 것이 이와 같았다. 불행히도 일찍 세상을 떠나, 속세에 남아 떠도는 구절이 매우 적다. 이에 원외員外가 약간 수를 모아서 나에게 부탁하여 말하기를, "그대가 나의 선고의 문집에 한 마디 서문을 쓰지 않을 수 없다."라고 하였으나, 나는 글을

로 병조참지(兵曹參知)로, 이후 이조참의, 이조참판을 지냈다. 저서로는 『우계집』 6권 6책과 『주문지결(朱門旨訣)』 1권 1책, 『위학지방(爲學之方)』 1책이 있다.

7 이곡(李穀) : 1544~?. 자는 수지(受之)이고, 본관은 전주이다. 선조(宣祖) 3년(1570) 경오(庚午) 식년시(式年試)에 생원(生員) 3등(三等)으로 합격하였다.

8 시궁(詩窮) : 시가 사람을 궁하게 한다는 말로, 옛날 시를 잘하면 궁핍하게 산다는 생각이 있었다.

9 구름을 능멸하는 구절 : 한(漢)나라의 사마상여(司馬相如)가 무제(武帝)를 위해 「대인부(大人賦)」를 지었는데, 구름을 능멸하는 기상이 있다고 하여 사람들이 '능운부(凌雲賦)'라고 불렀다. 따라서 구름을 능멸하는 구절이란 말은 사마상여의 「대인부」처럼 뛰어난 글을 가리킨다.

10 앞의 발이라 한 내용과 이 시는 『우계집(牛溪集)』 속집 권1에 수록되었다. 시는 「증정자신(贈鄭子愼)」이란 것이고, 발이라 한 것은 이 시의 소서(小序)이다.

잘 짓지 못한다는 것으로 사양을 하였다. 뒤에 고옥古玉[11]을 뵙고 총계의 시에 대해 물으니, 고옥이 칭찬하여 마지않으며 말하기를, "그는 새매를 쏘는 솜씨이다. 내가 감히 의론할 바가 아니다."라고 하였다. 뒤에 또 우계를 뵈었을 때 말이 총계에 미쳤는데, 선생이 말씀하시기를, "정공이 어찌 시인일 뿐이겠는가? 그의 학술의 정미함과 역량의 웅위함은 옛 사람에게서 구한다고 하면, 제갈공명諸葛孔明[12]이나 왕경략王景略[13]의 무리에 버금가는 사람이다. 하늘이 만약 더 오래 살도록 허락했더라면, 그의 성취를 어찌 헤아릴 수 있겠는가?"라고 하였다. 내가 고옥과 우계 두 분의 말을 들은 뒤에, 더욱 총계당의 위인爲人과 그 시에 대해 감복하였다.

아아! 세월이 빨리 흘러 위아래의 자취를 훑어보니, 고옥으로부터 원외에 이르기까지가 삼세 이미 옛 사람이 되었다. 원외의 아들 세 사람[14]이 모두 문과에 급제하여 그 장처를 이었는데, 특히 수찬修撰[15]의 글이 총계에 근원을 두고 있으면서, 한나라와 당나라 글에 젖어들

11 고옥(古玉) : 1533~1603. 조선 중기의 문신. 정작(鄭碏)의 호. 본관은 온양(溫陽). 자는 군경(君敬), 호는 고옥(古玉). 좌의정 순붕(順朋)의 아들이다. 평소 학문에 정진하던 그는 선조 때 벼슬이 이조좌랑에 이르렀으나 아버지의 과거 전력이 세인의 지탄을 받게 되자 술로 세월을 보냈다. 그러나 평소 시를 즐겨 주선(酒仙)의 칭을 얻기도 하였고, 특히 서예에 뛰어나 초서와 예서를 잘 썼으며, 포천현감을 지낸 형 염(磏)과 함께 의술에 뛰어나서 1596년(선조 28)에는 『동의보감』 편찬에 참여하기도 하였다. 벼슬은 사평(司平)에 이르렀다.

12 제갈공명(諸葛孔明) : 촉한의 지략가 제갈량(諸葛亮). 그의 자가 공명이다. 호는 와룡선생(臥龍先生). 남양에 은거해 있었으나, 유비가 삼고초려(三顧草廬)하여 맞이하여 이에 감동하여서 세상에 나아가 유비(劉備)를 도와 삼국을 통일하고자 하였으나, 뜻을 이루지 못하고 죽었다. 무후(武侯)에 봉하여졌다.

13 왕경략(王景略) : 전진(前秦) 부견(符堅)의 신하 왕맹(王猛)을 말함. 경략은 그의 자. 환온(桓溫)을 만나 한편으론 천하의 일을 이야기하면서 한편으론 이를 잡으며 방약무인(傍若無人)하는 태도를 취했던 것으로 유명하다.

14 원외의 아들 세 사람 : 정회의 아들 정팽경(鄭彭卿) · 정두경(鄭斗卿) · 정인경(鄭麟卿)을 말한다.

15 수찬(修撰) : 정두경을 말한다.

었다. 문장은 사마천司馬遷[16]을 배우고, 시는 두보杜甫[17]에 가까웠으니, 이로 보면 어찌 그리도 문장이 대대로 끊어지지 않는가? 수찬이 복을 입는 가운데에서도 여러 차례 선조의 문집에 대한 서문을 이처럼 간절히 구하는 것은 내가 문자로 능히 선조의 문집을 발휘할 수 있기 때문이 아니다. 선세先世를 내리 겪어서 선세에 대해 시종始終을 자세히 알뿐만 아니라, 원외의 청이 있었기 때문이다. 이에 나의 글이 시원치 못하다는 것을 잊고 그간 보고 들은 것을 대략 서문으로 기록한다.

갑신년(1644) 5월일

가선대부嘉善大夫 공조참판工曹參判 조위한趙緯韓은 서하노라.

余少也, 與鄭員外元亮, 爲騎竹友. 日游戲於其門庭, 時映墻壁, 望見叢桂堂之儀範, 玉色瑩然, 文彩動人, 綽約如姑射上人. 至今每恨齒尙癡騃而不得攝齊以升, 親承伽陵仙音也. 時公聲名動京師, 一時名流無不奔波, 而獨與林白湖・李五峯爲詩社, 酬唱篇什, 傳播人口, 而二公率常在下風. 公志在煙霞, 厭其囂塵, 載書冊, 人龍潭會稽山中, 擇其幽絶處, 緣崖架壑, 構一草堂, 名之曰叢桂堂. 逍遙偃仰, 口哦其中, 有飄飄然出塵之想. 牛溪先生從李公轂見公詩稿, 跋其尾曰, "鄭子愼結廬於萬山之中, 彈琴讀書, 足以無求於外, 是以其志豪而逸, 其

16 사마천(司馬遷) : 한(漢)나라의 역사가. 자는 자장(子長). 벼슬은 역사를 담당하는 태사령(太史令)을 지냈다. 중국 기전체(紀傳體) 사서의 전범인 『사기(史記)』를 저술하였다.

17 두보(杜甫) : 당(唐)나라의 대시인. 자는 자미(子美). 벼슬은 공부원외랑(工部員外郎)을 지냈다. 중국문학사상 최고의 사실주의 시인으로 시성(詩聖)으로 일컬어진다. 시집 『두공부시집(杜工部詩集)』이 남아 있다.

調淸以壯, 有不可窺斑者, 敬嘆之極, 書拙句而還之.” 其詩曰, “不坐詩窮氣自豪, 興來拈筆水滔滔. 無由咀破凌雲句, 參得仙山地位高.” 其詩道之見重於一時如此, 不幸早世, 遺篇逸句流落於人間者甚尠. 員外裒集其若干首, 每囑于余曰, “子於吾先集, 不可無一言而弁之.” 余以不文辭. 後見古玉, 問叢桂之詩, 古玉嘖嘖不已曰, “此射鵰手也, 非老夫所敢議.” 又見牛溪語及叢桂先生曰, “鄭公豈詩人而已哉? 其學術之精微, 力量之雄偉, 求之古人, 盖諸葛孔明王景略之流亞也. 天若假年, 其成就, 何可量哉?” 余聞古玉, 牛溪之言, 益服叢桂堂之爲人與其詩也. 嗚呼, 歲月易流, 俛仰陳跡, 自古玉至員外, 三世已作古人矣, 員外之胤三人, 皆以文科擢第趾美, 而修撰之詞, 源出於叢桂, 駸駸乎漢・唐, 文學馬而詩逼杜, 是何文章之世不乏人也. 修撰纍然在憂服之中, 而累次求索先集之序文如是其繾綣者, 非以老僕之文字能發揮先集也. 爲其閱歷先世, 詳知終始, 而且有員外之請故也. 於是忘其荒拙, 略序聞見而識之.

五月日嘉善大夫工曹參判趙緯韓序[18]

18 趙緯韓,『玄谷集』卷12,「叢桂堂集敍續稿」. 이 글은 조위한의 문집에 실려 있기는 하지만, 문집의 것과 내용이 많이 달라 참고하기 편하도록 아래에 문집의 원문을 싣는다. “余少也, 與鄭同福元亮, 爲騎竹友, 日游戲於其門庭, 時映墻壁, 望見叢桂堂之儀範, 玉貌瑩然, 文彩動人, 綽約如姑射上人, 至今每恨齒尙癡騃而不得攝齋以升, 親承伽陵仙音也, 時公聲名動京師, 一時名流無不奔波, 而獨與林白湖, 李五峯爲詩社, 酬唱篇什, 傳播人口, 而二公率常在下風, 公志在煙霞, 厭其囂塵, 一朝載書冊, 入茂朱山中, 擇其幽絶處, 緣崖架壑, 構一草堂, 名之曰叢桂堂, 逍遙偃仰, 日哦其中, 有飄飄然出塵之想, 奇花瑤草, 蒽蒨庭除, 怪禽異獸, 衛護藩籬, 且有神龜高廣數尺, 出自堂後, 來伏階前, 因以鐵環穿其兩旁, 有時騎行, 興盡而止, 止則退隱于巖谷, 吐氣成雲, 以此識其去處, 招來驅策, 此亦山中之一奇事也, 一日徘徊庭畔, 引頸長鳴, 聲如巨雷, 移時而去, 是日公歿, 吁亦異哉, 時成牛溪先生抵書於公曰, 結廬於萬山之中, 彈琴讀書, 足以無求於外, 是以其志豪而逸, 其調淸以壯, 有不可窺斑者, 敬嘆之極, 書拙句而還之, 其詩曰, 不坐詩窮氣自豪, 興來拈筆水滔滔, 無由咀破凌雲句, 占得仙山地位高, 其詩道之見重於一時如此, 不幸早世, 遺篇逸句流落於人間者甚尠, 元亮裒集其若干首, 每囑于余曰, 子於吾先集, 不可無一言而弁之, 余以不文辭而拒之矣, 後見古玉, 問叢桂之詩, 古玉稱以高品, 嘖嘖不已曰, 此吾家千里駒,

眞射鵰手也, 非老夫所敢議, 又見牛溪問曰, 先生何以稱叢桂堂之詩若此耶, 先生曰, 世人徒知鄭公之詩, 而不知學術之精微, 力量之雄偉, 天若假年, 其文章德業之成就, 何可量乎, 雖比之於孔明·景略, 亦不多讓云, 余聞古玉, 牛溪之言, 始知叢桂 堂之爲人也, 嗚呼, 歲月易流, 人生幾何, 自古玉至元亮, 三世已作故矣, 元亮之胤三人, 皆以文科擢第趾美, 而校理之詞, 源出於叢桂, 駕古玉軼北窓, 而駸駸乎漢·唐, 文學遷而詩逼杜, 是何文章之世不乏人, 逾出而逾奇也, 今校理公纍然在憂服之中, 而累次求索先集之序文如是其繾綣者, 非以老僕之文字能發揮先集也, 爲其閱歷先世, 詳知終始, 而且有元亮之請故也, 於是忘其荒拙, 略序聞見而識之."

윤신지*의 서문
尹新之序

총계당叢桂堂은 나의 태부大父 항렬이다. 내가 후대에 늦게 태어나 겨우 원외 숙부[1]와 더불어 놀았을 뿐 총계당을 뵙지는 못하였다. 그러나 때때로 진신搢紳 사이에서 사람들이 자주 입에 오르내리고 전하여 가며 외우는 그의 구절을 보고, 이미 선생이 천하의 이름난 선비라는 것을 알았다. 우계선생牛溪先生이 총계공의 높은 학술과 커다란 역량을 논하여 제갈공명諸葛孔明과 왕경략王景略에 비교한 것에 대해 들었으니, 선생이 일시의 제현들에게 추중을 받은 바를 크게 볼 수 있었다. 지금 총계의 손자이고 원외의 아들에 세 학사가 있는데, 그 가운데 사람인 수찬공은 문장이 당세에 으뜸이었다. 나에게 있어서는 나이 어린 동생뻘 되었는데, 문사에 있어서는 내가 그를

* 윤신지(尹新之) : 1582~1657. 조선 선조의 부마(駙馬). 본관은 해평(海平). 자는 중우(仲又), 호는 연초재(燕超齋). 선조와 인빈김씨(仁嬪金氏)와의 소생인 정혜옹주(貞惠翁主)와 결혼하여 해숭위(海嵩尉)에 봉하여졌고, 정1품에 올라 위(位)가 재상과 같았다. 현호(玄湖)에 복거(卜居)하면서 스스로 현주산인(玄洲散人)이라고 불렀다. 시 · 서(書) · 화(畵)에 능하였다. 저서로는 『현주집(玄洲集)』 · 『파수잡기(破睡雜記)』가 있다.

1 원외 숙부 : 원외랑(員外郎)을 지낸 정원량(鄭元亮)을 말함.

좇아서 스승으로 여길 정도였다. 전에 유고 한 질을 나에게 보여주었는데, 내가 엎드려서 읽어보니, 넉넉한 품이 세상에 드문 좋은 작품이었다. 돌이켜 스스로를 돌아보고는 나도 모르게 수저를 놓칠 뻔하였다. 아아! 세상에서 옛것을 좇기를 높이 나는 기러기와 같이 높이 나는 사람들 그 누군들 "성당盛唐의 이태백李太白, 성당의 이태백"을 외치지 않는 사람이 잇겠는가마는, 마침내 전錢·유劉·위韋·유柳[2] 사이에서라도 훤히 빛남을 얻은 자는 진실로 드물다. 더러는 보잘 것 없는茅靡 것을 크게 세운 자도 많이 있다. 그러나 읊은 것이 웅위하여 맑으면서도 튼튼하고 편안하면서도 우아하여, 마치 많은 보물을 간직한 장사꾼이 낼수록 새로운 것을 보여서 즐겁기도 하고 놀랍기도 한 것을 나는 총계공에게서 보았을 뿐이다.

시는 성정에 근본을 두고 있으니, 그 시를 읽으면 그 사람을 알 수 있다. 뻣뻣하고 열렬하여 먼지 하나라도 받아들이지 않고, 죽고 사는 것과 궁하고 현달하는 것을 그 지조를 바꾸지 못하는 것이 바로 이 시고에 있지 아니한가? 그러나 시는 다만 그 여사餘事일 뿐이다. 건안建安[3]에서는 진사陳思[4]를 얻고 진晉나라에서는 도팽택陶彭澤[5]을 얻

2 전(錢)·유(劉)·위(韋)·유(柳) : 당나라 때의 이름난 시인인 전기(錢起 : 722~?780), 유우석(劉禹錫 : 772~842), 위응물(韋應物 : 737~?804), 유종원(柳宗元 : 773~819)을 말함. 전기의 자는 중문(仲文). 청신하고 수려하며 온화한 시풍으로 대력 십재자(大曆十才子)의 한 사람으로 꼽히며 근체시 가운데 오언 율시에 뛰어났다. 저서에 『전고공집(錢考功集)』 10권이 있다. 유우석의 자는 몽득(夢得). 혁신파 관료인 왕숙문, 유종원 등과 정치 개혁을 기도하였으나 좌천되어 지방관으로 있으면서 농민의 생활 감정을 노래한 『죽지사(竹枝詞)』를 펴냈으며, 시문집에 『유몽득문집』, 『유빈객집(劉賓客集)』, 『외집(外集)』 등이 있다. 위응물은 도연명과 함께 도위(陶韋)라고 불릴 만큼 쌍벽을 이루었다. 시집에 『위소주집(韋蘇州集)』 10권이 있다. 유종원의 자는 자후(子厚). 당송 팔대가의 한 사람으로, 고문(古文) 부흥 운동을 한유(韓愈)와 더불어 제창하였다. 전원시에 뛰어나 왕유 맹호연 위응물과 나란히 칭송된다. 작품에 「봉건론(封建論)」, 「영주팔기(永州八記)」 등이 있으며, 시문집으로 『유하동집(柳河東集)』이 있다.

3 건안(建安) : 후한의 헌제(獻帝)의 연호. 196~220. 이때에 이름난 문인이 많이 나왔는데 건안칠자(建安七子)가 대표적 인물들이다.

고, 당에서는 왕王·양楊·노盧·락駱[6]을 얻고, 우리나라에서는 고운孤雲[7]·매월당梅月堂[8]이 그 사람이다. 공은 그 부류에 필적하지 않겠는가? 유독 오래 살지 못하여 그 극치에 이르지 못한 것이 한스러울 뿐이다. 남아 있는 시편으로 흩어진 것만으로도 우주를 빛나게 하니, 만약 더욱 오래 살았다면 아름다운 시편 천만 편을 어찌 헤아릴 수 있을 것인가? 수隋나라의 야광주夜光珠[9]와 곤륜산崑崙山의 옥[10]은 적으면 적을수록 더욱 진기하니, 아아 공경할만하도다. 원외 숙부는 비록 대과에 오르기는 했으나 재주가 세상에 쓰이지 못하였으나, 시가詩家

4 진사(陳思) : 중국 삼국 시대 위나라의 시인 진사왕에 봉해진 조식(曺植 : 192~232)을 말함. 자는 자건(子建). 위나라 무제 조조의 아들로, 붓만 들면 곧 문장이 되었다는 「칠보시(七步詩)」의 고사(故事)는 유명하다. 시문집에 『조자건집』이 있다.

5 도팽택(陶彭澤) : 중국 동진의 시인 도잠(陶潛 : 365~427)을 말함. 그가 팽택령을 지냈기 때문에 이렇게 부른다. 그의 자는 연명(淵明)이고, 호는 오류선생(五柳先生)이다. 405년에 팽택현(彭澤縣)의 현령이 되었으나, 80여 일 뒤에 「귀거래사」를 남기고 관직에서 물러나 귀향하였다. 자연을 노래한 시가 많으며, 당나라 이후 육조(六朝) 최고의 시인이라 불린다. 시 외의 산문 작품에 「오류선생전」, 「도화원기」 등이 있다.

6 왕(王)·양(楊)·노(盧)·락(駱) : 초당 시기의 사걸(四傑)인 왕발(王勃 : 650~676)·양형(楊炯 : 650~?676)·노조린(盧照隣 : 637~689)·낙빈왕(駱賓王 : 650~676)을 말함. 왕발의 자는 자안(子安). 특히 오언 절구에 뛰어났다. 작품에 시문집 『왕자안집(王子安集)』 6권이 있다. 양형은 박학하고 문장에 뛰어났다. 저서에 『영천집(盈川集)』 10권이 있다. 노조린의 자는 승지(昇之). 호는 유우자(幽憂子). 저서에 『오비문(五悲文)』, 『노승지집(盧昇之集)』 20권이 있다. 낙빈왕의 작품으로는 「제경편(帝京篇)」 등이 있다.

7 고운(孤雲) : 통일 신라 말기의 학자 문장가 최치원(崔致遠 : 857~?)을 말함. 그의 자가 고운(孤雲)이다. 또 다른 자는 해운(海雲). 12세에 중국 당나라에 유학하여 과거에 급제하고 황소의 난이 일어나자 격문(檄文)을 써서 이름을 높였다. 저서에 『계원필경』, 『사륙집(四六集)』 등이 있다.

8 매월당(梅月堂) : 조선 전기의 학자 김시습(金時習 : 1435~1493)을 말함. 그의 호가 매월당이다. 자는 열경(悅卿). 다른 호는 동봉(東峯). 생육신의 한 사람으로, 승려가 되어 방랑 생활을 하며 절개를 지켰다. 유불(儒佛) 정신을 아울러 포섭한 사상과 탁월한 문장으로 일세를 풍미하였다. 한국 최초의 한문 소설 「금오신화」를 지었고, 저서에 『매월당집』이 있다.

9 수(隋)나라의 야광주(夜光珠) : 수후(隋侯)는 주(周)나라 때 한수(漢水)의 동쪽에 자리 잡은 제후(諸侯)인데 그는 큰 뱀이 창자가 끊긴 것을 보고 불쌍히 여겨 약을 붙여 주었다. 그 후 뱀이 강에서 큰 구슬을 물고 나와 은혜를 갚았으므로 그 구슬을 수후(隋侯)의 구슬이라고 불렀다고 한다.(『淮南子』「覽冥訓」)

10 곤륜산(崑崙山)의 옥 : 곤륜산은 중국 서북쪽에 있는 산으로 황하의 발원지이기도 한데, 이곳에서 좋은 옥이 많이 난다고 한다.

의 풍격은 세상에서 그 아름다움을 뒤쫓고 있다. 아아! 정석廷碩이 꽃다운 이름을 망가뜨리지 않았음이 믿을 만하도다.[11] 심어놓고 먹지 못하였으나, 삼학사에게서 피었으니, 어찌 얕고 적겠는가? 학사가 선고의 시고를 모으고, 책 뒤에 나의 한 마디를 붙이고자 하지만, 나는 말을 아는 자가 아니니 참람되지 않겠는가? 모든 잘못은 집안의 손자라는 데에 있으니, 그윽이 대현에게 부탁하고, 사림에게 이름을 붙여 불후하기를 도모하는 것이라면, 내가 얻은 바는 사치한 것이다. 하지만 마침내 사양하지 못하고 그를 위해 글을 쓴다.

병술년(1646) 가을 문손門孫 수록대부綏祿大夫 해숭위海嵩尉
윤신지尹新之 삼가 씀

叢桂堂 我大父行也, 小子生晩, 僅得與員外叔遊, 不及見叢桂堂, 而時從搢紳間, 得見其膾炙傳誦句, 已知先生天下士也. 及聞牛溪先生之論叢桂公, 學術之高, 力量之偉, 至比之諸葛孔明. 王景略, 則先生之見重於一時諸賢者大, 可見矣. 卽今叢桂之孫, 員外之子, 有三學士, 其仲修撰公, 文章, 冠當世, 於余爲少弟, 而至於文辭, 則余從而師焉. 囊以遺稿一秩示余, 余伏以讀之, 瀏瀏乎其聲希世之音也, 反而自顧不覺失匙箸也. 噫! 世之追古高騖者, 孰不曰, 盛李盛李, 而其卒也, 得錢・劉・韋・柳間, 彬彬者, 固尠或至膚立茅靡者, 多矣. 若其開口

11 정석(廷碩)이 … 만하도다: 정석(廷碩)은 당나라 때의 이름난 시인 소정(蘇頲)을 말한다. 정석은 그의 자이다. 그는 당나라 현종(玄宗) 때의 명상으로 허국공(許國公)에 봉해졌다. 연국공(燕國公)에 봉해진 장열(張說)과 함께 연허(燕許) 문장으로 일컬어졌다. 여기서는 그가 글을 잘하여 방명(芳名)을 실추시키지 않았음을 말하였다.

雄偉, 淸而能健, 逸而能雅, 若多藏之賈, 其出逾新可喜可愕者, 余於叢桂公見之矣. 詩本於性情讀其詩, 可以觀其人矣. 矯矯烈烈一塵不染, 死生窮達, 不能移易其操者, 其不在是稿也耶? 然則 詩特其餘事耳, 建安得陳思於晉, 得陶彭澤於唐得王・楊・盧・駱, 吾東方之孤雲, 梅月堂, 其人也. 公其類匹耶? 獨恨其年嗇, 未究極致, 遺編散落, 猶且耿光宇宙, 如假之以年, 則琳琅千萬, 篇何可量也. 隋珠崑玉, 愈寡愈珍, 吁可敬也, 員外叔雖蹬大科, 才不爲世用, 而詩家風格世趾其美, 信乎廷碩不隳芳也. 種而不食, 發之于三學士者, 夫豈淺鮮哉? 學士裒集先稿竝付卷末, 固要余一言余非知言者, 得無僭乎. 惟是忝在門孫, 竊托大賢附名詞林, 與圖不朽, 則抑余之所得侈矣. 遂不辭而爲之說云.[12]

歲丙戌秋 門孫 綏祿大夫 海嵩尉 尹新之敬書

12 이 글은 윤신지(尹新之)의 문집인 『현주집(玄洲集)』 권11에 「총계당유고서(叢桂堂遺稿序)」라는 제목으로 실려 있다.

김상헌*의 서문
金尙憲序

『총계당 세고』는 온양씨[1]가 기술한 것이다. 세상에서 온양씨는 시에 뛰어났다고 일컬어졌다. 송양공松壤公[2]·고옥장인古玉丈人은 모두 그 선조이다. 나는 총계당을 뵙지 못했지만, 그 윤손 민부民部[3] 군과 더불어 노닐었다. 그윽이 그 하나 둘을 기억할 뿐이고, 간혹 또 사원詞苑의 제공諸公들이 말하는 것을 들었을 뿐이다. 총계당의 시의 격조를 추숭하여 보통 사람을 지나친다고 하였는데, 사람들이 이견이 없었다. 이로 말미암아 더욱 그를 좋아하게 되어 그 문 안을 모두 엿보고자 하였으나 뜻을 이루지 못하였다. 이번에 민부 군의 여러

* 김상헌(金尙憲) : 조선 중기의 문신(1570~1652). 자는 숙도(叔度). 호는 청음(淸陰) 석실산인(石室山人). 대제학, 이조 판서, 예조 판서, 공조 판서, 병조 판서를 지냈다. 저서에 『야인담록(野人談錄)』·『풍악문답(豐岳問答)』 따위가 있고, 『청구영언』 등의 가곡집에 시조 4수가 전한다.

1 온양씨(溫陽氏) : 온양 정씨인 정지승을 말한다.

2 송양공(松壤公) : 누구를 가리키는지 확실하지 않으나 고옥과 함께 나란히 거론된 것으로 보아 정렴(鄭磏)을 가리키는 것으로 보인다.

3 민부(民部) : 옛날 지관(地官), 곧 호조를 가리키는 말이다. 여기서는 호조좌랑을 지낸 정지승의 아들 정회(鄭晦)를 말한다.

아들들이 멀리 이 시편을 보내와 한마디 서술할 것을 구하였다. 서술하는 것을 어찌 내가 할 수 있으라마는 옛날에 마음으로 생각했던 일을 이루게 된 것을 다행으로 여길 뿐이다. 책을 받아서 읽기를 마치니, 높은 재주와 고운 마음씨는 옛날에 들었던 말보다 맛이 있었지만, 모두 맛보지는 못할 점이 있는 것 같았다. 다만 그 뜻이 오로지 시에만 있지 아니하였고, 나이 젊어서 돌아갔으므로, 기록한 바가 이것에 그쳤으니, 애석하다. 그러나 시가 많은 것을 귀하게 여길 것인가? 많지 않아도 시를 아는 자와 논할 수 있는 것이다. 민부군이 끝에 부록으로 붙인 것은 세상의 논의가 지나친 것이 아님을 보여주고 있으니, 이것은 실로 효자가 조상을 드러내고자 하는 마음에서 나온 것이다. 이로 인하여 이렇게 써서 돌려보낸다.

을유년(1645) 양월陽月[4] 그믐 석실산인石室山人 안동安東
김상헌金尙憲은 서하노라

金尙憲序

叢桂堂世稿者, 溫陽氏之所述也. 世稱溫陽氏長於詩, 松壤公·古玉丈人皆其先詣. 余後不及見叢桂堂, 而與其胤民部君游, 竊記其一二. 間又聞詞苑諸公言, 皆推叢桂堂詩調爲過人, 人人無異口. 繇是益嚮往之, 思欲盡窺其閟而未獲也. 乃今者民部君諸胤, 遠示此編, 求一言敍之, 敍則吾何能焉, 猶自幸夙心之見諧爾. 旣受而卒業, 高才麗情, 有味乎其言之昔者所聞, 似有不能盡之者矣. 顧其志不專於詩, 而

4 양월(陽月) : 음력 10월을 달리 부르는 말.

年又厄之, 所記錄止於是, 惜哉. 然詩貴多乎哉, 不多也, 尙可與知者論之. 若民部君之附尾, 足以見世論之匪溢, 而寔出於孝子思顯之意也, 因書此以歸.[5]

乙酉 陽月之晦 石室山人 安東 金尙憲 序

5 이 글은 김상헌(金尙憲)의 문집인 『청음집(淸陰集)』 권38에 「총계당세고서」라는 제목으로 실려 있다.

七言律詩

금년에는 시월에 비로소 얼음이 얼었는데,
낡은 집은 차가워 베로 추위를 가렸네.
전원을 향하여 살 계책 이미 이루어졌으니,
경제는 어질고 능한 사람에게 넘겨주었네.
회오리바람에 대나무 흔들려 꿈을 깨니,
작은 등 너머로 하얀 눈이 술동이에 떨어지네.
속세에서는 예나 지금이나 심사가 괴로우니,
낙엽 쌓인 곳 문을 닫은 한가한 중을 상상하네.

-寄東津李尙書

동진 이상서*에게 보냄
寄東津李尙書

금년에는 시월에 비로소 얼음이 얼었는데,
낡은 집은 추워서 베로 모서리를 가렸네.
전원을 향하여 살 계책 이미 이루어졌으니,
경제는 어질고 능한 사람에게 넘겨주었네.
회오리바람이 대나무를 흔들어 꿈을 깨니,
작은 등 너머로 하얀 눈이 술동이에 떨어지네.
속세에서는 예나 지금이나 심사가 괴로우니,
낙엽 쌓이고 문 닫힌 곳 한가한 중과 같네.

今年十月始嚴凝, 古屋寒多布被稜.
已向田園成活計, 却將經濟付賢能.
回風動竹驚幽夢, 灑雪侵樽隔小燈.
塵土向來心事苦, 閉門堆葉想閑僧.

* 동진(東津) 이상서(李尙書) : 조선 중기의 문신 이로(李輅 : 1536~1614)를 말함. 본관은 전주(全州). 자는 홍재(弘載), 호는 동진(東津). 양녕대군(讓寧大君)의 6대손이며, 원우(元友)의 아들이다. 1558년(명종 13) 사마시에 합격하고, 1567년 식년문과에 병과로 급제, 예조좌랑 · 지평 · 헌납을 거쳐 승정원에 등용된 뒤 사관(史官)으로 발탁되었다. 1581년(선조 14) 장령, 뒤에 동지중추부사를 거쳐 1596년 호조참판 때 진향사(進香使)로 명나라에 다녀왔다. 그 뒤 경기도관찰사를 지내고 형조 · 공조 판서를 역임하였으며, 판돈녕부사에 이르러 기로소(耆老所)에 들어갔다.

숙부*께 받들어 올림
奉呈叔父

구업인 시서를 익히느라 반백이 되었는데,
때때로 휘파람 불며 동쪽 언덕에 오른다.
남쪽은 가난하여 아침 해장술이면 족하고,
북쪽은 부유하여 하늘까지 향내가 퍼지고 밤늦도록 피리소리 높다.
객이 떠나 문을 닫고나니 달빛만 남아 있는데,
꿈 깬 빈 누각에는 솔바람 소리만 들려온다.
생각하고 헤아리는 것 공명에 있지 않으니,
모름지기 인간세상의 제일가는 호걸임을 알겠네.

舊業詩書着二毛, 有時舒嘯上東皐.
南貧置酒朝醺足. 北富薰天夜笛高.[1]
客去閉門留月色, 夢回虛閣散松濤.[2]
思量不在功名裏, 須信人間第一豪.

* 숙부 : 자신의 숙부인 정작(鄭碏)을 말하는 것으로 보임.
1 이 시의 이 구절이 『芝峯類說』 卷13 「文章部」 6 「東詩」에 언급되어 있다.
2 이 구절은 『학산초담』에 소개되어 있다.

춘초정*에서 송별을 하며
春草亭送別

강산 속 누대 곁에는 낚시터가 있는데,
창에 들어오는 경치 적막하고 사립문도 닫혔네.
왕손의 남은 한이 푸르게 봄풀에 스몄는데,
나그네는 무슨 마음으로 지는 해를 원망하나?
지난날의 풍류는 지금도 아직 남아 있는데,
당시 사람의 일은 몇 번이나 그릇되었던가?
가을바람이 또 일어나니 물가에서 이별하며,
홀로 조각배에 기대니 눈물이 옷을 적시네.

江山樓臺傍釣磯, 入窓寥落掩朱扉.
土孫有恨留春草, 客子何心怨落暉.
去日風流今尚在, 當時人事幾回非.
秋風又作沙頭別, 獨倚扁舟淚濕衣.

* 춘초정(春草亭) : 정지승은 숙부 정현(鄭礥)에게 입계하였는데, 춘초정은 정현의 정자이다. 정현은 자가 경서(景舒), 호는 만죽(萬竹)이며, 본관은 온양(溫陽)이다. 두 형제(정렴, 정작)와 더불어 시를 잘 지어 이름을 떨쳤다.

이자유*를 곡함
哭李子由

무산의 밤비 내리는 소리 듣기도 영롱한데,
취하여 강루에 기대어 붉은 촛불을 마주하네.
고향이 천리 밖에 떨어져 있는 줄 알지 못하고,
세월은 백년 안에 있을 것이라 헛되이 믿네.
영락을 함께 한 것 적막한 데로 돌아갔지만,
도리어 문장의 같고 다름은 비교할 수 있다네.
오늘날 세상에는 나만 홀로 살아남았으니,
하늘에 닿는 울음소리 큰 강의 동쪽으로 보내네.

巫山夜雨聽玲瓏, 醉倚江樓對燭紅.
鄕國不知千里外, 光陰虛信百年中.
共將榮落歸寥廓, 却把文章較異同.
今日世間吾獨在, 徹天聲送大江東.

* 이자유(李子由) : 조선 후기의 문신 이기중(李箕重 : 1697~1761)을 말함. 본관은 한산(韓山). 자가 자유(子由)이다. 색(穡)의 13대손으로, 참봉 병철(秉哲)의 아들이다. 이희조(李喜朝)의 문하에서 수학하였다. 1717년(숙종 43) 형 태중(台重)과 함께 사마시에 합격하였으며, 사헌부감찰 · 형조좌랑 · 공조정랑 등과 단양군수 · 인천부사에 이어 담양부사로 재직하다가 죽었다.

쌍계사에서 익지*의 시에 차운함
雙溪寺次益之

쌍계사[1]는 석문石門 안에 자리잡고 있는데,[2]
신선세계와 같은 경치 법계와 통하네.
종소리 그치니 객창에서 외로운 꿈 깨고,
밝은 달 비치는 절에는 상방이 텅 비었네.
용사 때도 최치원[3]의 글씨를 고치지 못하였으니,[4]
풀과 나무가 어찌 진감국사[5]의 공을 알리오?

* 익지(益之) : 조선 중기의 시인 이익(李益)의 자. 1539(중종 34)~1612(광해군 4). 본관은 신평(新平), 호는 손곡(蓀谷)·서담(西潭)·동리(東里). 영종첨사 수함(秀咸)의 아들이나, 홍주의 관기(官妓)에게서 태어났으므로 서자로 자랐다. 최경창(崔慶昌)·백광훈(白光勳)과 더불어 삼당시인(三唐詩人)이라 불린다. 시집으로 엮은 《손곡집》(6권 1책)이 있다.

1 쌍계사 : 경상남도 하동군에 있는 절. 해인사의 말사(末寺)이며 25교구 본사의 하나로, 신라 성덕왕 22년(723)에 혜소(慧昭)가 창건하여 처음에는 옥천사(玉泉寺)라 하였다. 국보로 지정된 진감 선사 대공 탑비가 있다.

2 쌍계사는 … 있는데 : 쌍계사 입구에 큰 바위 두 개가 문을 이루고 있는데, 각각의 바위에 '쌍계'와 '석문'이라는 글씨가 새겨져 있다.

3 최치원(崔致遠) : 통일 신라 말기의 학자 문장가(857~?). 자는 고운(孤雲) 해운(海雲). 12세에 중국 당나라에 유학하여 과거에 급제하고 황소의 난이 일어나자 격문(檄文)을 써서 이름을 높였다. 저서에 『계원필경』, 『사륙집(四六集)』 등이 있다.

4 용사는 임진년과 계사년을 아울러 일컫는 말로 임진왜란을 지칭하는 뜻으로 쓰인다. 여기서는 임진왜란을 겪은 뒤에도 최치원의 글씨가 온전히 남아 있는 것을 노래했다. 쌍계사 경내에 최치원이 쓴 진감선사비가 지금도 있다.

5 진감국사 : 774~850. 신라 후기의 스님. 속성은 최(崔), 법명은 혜소(慧昭), 자는 영을(永乙), 자호는 무의자(無衣子). 중국 당나라에 가서 범패(梵唄)를 배우고 돌아와 지리산에서 옥천사(玉泉寺)를 창건하고 수도하였다.

좋은 경치에 곧바로 삼일동안이나 취하니,
골짜기는 요란스럽게 꽃이 바람에 지네.

雙溪寺在石門中, 仙境還將法界通.
鍾定客窓孤夢罷, 月明僧院上方空.
龍蛇不改儒仙筆, 草木何知眞鑑功.
勝事直輸三日醉, 洞天撩亂落花風.

중양절*에 구월산*에 올라
重陽登九月山

산의 절에는 맑은 가을바람소리 구슬픈데,
나그네 시름을 말하여 풀 길이 없구나.
국화는 다만 중양절을 위하여 피었는데,
흰 기러기가 어찌 편지오는 것을 전하랴?[1]
병을 앓아도 모자를 날리는 절기[2]는 알아서,
높은 곳에 올라 곧바로 고향을 바라본다.
옛 사람은 이미 떠났지만 마음만은 남아서,
떠돌이에게도 분부하여 술 한 잔 하라네.[3]

* 중양절(重陽節) : 음력 9월 9일을 말함. 양수가 겹친 날로 예전에는 추석 못지않은 큰 명절이었다.

* 구월산(九月山) : 평양에 있는 산 이름.

1 흰 … 전하랴 : 『한서(漢書)』 「소무전(蘇武傳)」에 천자(天子)가 상림원(上林苑)에서 기러기를 잡고 보니, 그 발에 편지가 매어 있어 소무의 소식을 알려 주었다고 한다. 이후 기러기는 편지를 전하는 것으로 시에 많이 활용된다.

2 병을 … 절기 : 9월 9일에 晋나라의 桓溫이 龍山에서 참모들에게 잔치를 베풀었는데, 孟嘉가 취하여 일어났을 때 바람이 불어 모자가 날아갔는데도 이를 알지 못했던 '龍山落帽'의 고사를 말함.

3 옛 사람은 … 하라네 : 옛 사람은 중양절에 국화주를 즐겨 마셨던 도연명을 말한다. 중양절을 맞으니 도연명이 마치 자신에게 술을 마시라고 분부하는 것 같아 술을 마시지 않을 수 없다고 그 마음을 읊은 것이다.

野寺淸秋風日哀, 客愁無地可言開.

黃花只爲重陽發, 白雁寧傳尺素來.

抱病尙知吹帽節, 登高直作望鄕臺.

古人已去情猶在, 分付飄零酒一杯.

평양에서 옛일을 생각함
東明懷古

송양[1]의 외로운 성은 돌덩어리와 같은데,
무산의 동쪽으로 내려오니 저녁 강이 흐르네.
백년 동안 운우를 즐김은 양왕의 꿈이고,[2]
만리의 바람과 서리는 송옥의 근심[3]이로다.
천지는 정이 있어 아름다운 자취를 남겼고,
흥망을 알 길이 없어 어부에게 묻는다.
강남의 친구들을 멀리서 그리워 하나니,
편지를 부치려 해도 뜻대로 되지 않네.

松壤孤城擬石頭, 巫山東下暮江流.
百年雲雨襄王夢, 萬里風霜宋玉愁.
天地有情留勝迹, 興亡無賴問漁舟.
江南親舊遙相憶, 欲寄音書不自由.

1 송양(松壤) : 압록강의 중류지역인 비류수(沸流水) 근처에 있던 나라로 비류국(沸流國)이라고도 하는데, 동명왕(東明王) 2년에 고구려에 병합되었다. 이 책에서는 평양을 가리키는 말로 쓰였다.

2 백년 동안 … 꿈이고 : 중국 전국시대 초(楚)의 회왕(懷王)이 고당(高唐)에 이르러 한 여인과 남녀의 교정을 나눈 뒤, 여인의 정체를 물으니 자신은 아침에는 구름이 되고 저녁에는 비가 되어 내린다고 하였다는 고사를 말한 것이다. 양왕이라 함은 이 내용이 양왕(襄王)과 송옥(宋玉)의 대화중에 이 이야기가 나오기 때문이다.

3 송옥의 근심 : 송옥은 초나라 굴원의 제자이다. 가을을 슬퍼하는 글을 많이 지었다.

용문사의 섬돌에 쓰다 題龍門寺砌石

층이 진 절벽에서 뇌정의 솜씨를 잠깐 시험하고,
겹겹이 쌓인 섬돌로 오니 전각이 더욱 빛난다.
흰 들보는 웅크린 호랑이가 돌아보는 것 같고,
붉은 기와는 춤추는 용이 날아오르는 것과 같다.
사람 가운데 누가 신통력을 빌릴 수 있는가?
하늘조차도 조화의 기미를 숨길 수 없었네.
산 가운데에서 공색[1]을 읊은들 무슨 소용이랴?
문장은 다른 날 하늘 문 안[2]에서 도울 것이로다.

層崖少試雷霆手, 重砌來添殿閣輝.
白額直疑蹲虎顧, 赤鱗還似舞龍飛.
人誰解借神通力, 天不能藏造化機.
何用山中空物色, 文章他日補天扉.

1 공색(空色) : 『반야심경』에 나오는 "색이 곧 공이고, 공이 곧 색이다[色卽是空, 空卽是色]."를 말한다.

2 하늘 문 안 : 임금이 있는 궁궐을 말한다.

강가의 정자에서 자순*의 시에 차운하다
江亭次子順

발이 걷힌 누각은 먼 산을 마주하고 있고,
보일 듯 말 듯 돛배는 나무 숲에 가렸네.
조정에서는 다른 날의 뜻을 알고자 하나,
강호에서는 먼저 소년의 마음을 시험하네.
시는 응당 율격이 있어야 도리어 일이 많고,
거문고는 줄이 없으니 좋은 소리를 즐긴다.[1]
십리 떨어진 궁궐의 소식이 있어,
북풍에 부질없이 중선[2]의 마음을 위로하네.

捲簾樓閣對遙岑, 隱隱帆檣雜樹林.
廊廟欲知他日意, 江湖先試少年心.
詩應有律還多事, 琴到無絃是好音.
十里禁城消息在, 北風空慰仲宣襟.

* 자순(子順) : 조선 중기의 문인 임제(林悌 : 1549~1587)의 자. 그의 자가 자순(子順)이다. 호는 백호(白湖)·겸재(謙齋). 당대의 명문장가로 호방하고 쾌활한 시풍을 보였으며, 속리산에서 학문에 몰두하였다. 문집에 『백호집』이 있고, 작품에 「화사(花史)」, 「수성지」, 「원생몽유록」 등이 있다.

1 거문고는 … 듣는다 : 도연명이 줄 없는 거문고를 즐겨 탔다고 한다.

2 중선(仲宣) : 중국 위(魏)나라 때의 문인 왕찬(王粲)의 자. 그는 「등루부(登樓賦)」를 지어 고향을 그리워하는 마음을 노래했다. 여기서는 왕찬처럼 타향에서 고향을 그리워하는 임제의 마음을 위로한다는 뜻이다.

제봉*의 임소로 가는 사람을 보내며
送人霽峰任所

젊은 날 남쪽 고을에서 미친 짓 곧잘 하여,
누대에 올라 노래하고 피리 부니 온 동네 떠나갈 듯.
동쪽 강이 변하여 포도주로 바뀐다 하여도,
북쪽의 손님은 비단같은 속내를 말하지 마오.
천리 길 떠나며 절하는 사람 옥같이 아름답고,
봄을 맞아 고향을 돌아보노라니 귀밑머리 서리 같네.
사람을 그리며 옛일을 생각하니 마음을 달랠 길 없고,
돌아가는 그대를 보내노라니 생각은 아득해지네.

少日南州慣放狂, 倚樓歌管動千場.
東江變作葡萄酒, 北客休言錦繡腸.
千里折腰人似玉, 一春回首鬢如霜.
懷人感舊情無賴, 却送君歸意杳茫.

* 제봉(霽峰) : 조선 중기의 문신 고경명(高敬命 : 1533~1592)의 호. 자는 이순(而順), 호는 제봉·태헌(台軒). 1558년 문과에 급제한 뒤 교리, 동래부사 등을 지냈다. 임진왜란이 일어나자 금산에서 의병을 이끌고 싸우다 죽었다.

七言律詩

봄날 눈에 보이는 대로 두 수
春日卽事 二首

1

눈 가득한 봄빛은 버드나무 둑에 비치고,
남쪽 동산의 푸른 풀은 더욱 싱그럽다.
좋은 날 함께 하지 못해도 마음은 항상 있어서,
좋은 일에 가르침을 따르니 흥에 겨워 미치겠네.
가무하며 한 때 붉은 먼지 날리던 기녀가,
어느 곳에서 백동제[1]를 취하여 읊나?
밤새도록 촛불 잡고 술을 마실 뿐이니,
해질녘 성곽 서쪽으로 내려갈 일 두려워마오.

滿眼春光着柳堤, 南園碧草更萋萋.
良辰不與心常在, 勝事從敎興欲迷.
歌舞一時紅拂妓, 醉吟何處白銅鞮.
夜來秉燭還堪飮, 莫怕斜陽下郭西.

1 백동제(白銅鞮) : 중국 양(梁)나라 때의 가요 이름. 양 무제가 의병을 일으켜 양루를 평정한 것을 기념하여 민간에서 부른 노래라고 한다.

2

오릉[2]의 년소배들 장안에 들어가니,
곳곳의 누대에서 매우 즐겁게 지낸다.
밭둑의 산들바람에 버드나무 하늘거리고,
주렴을 적시는 이슬비에 살구꽃도 차갑다.
누런 술[3]은 유리잔에 가득 넘치고,
흰 안주[4]는 마류 상에 배열되어 있네.
때가 되면 놀러가서 맘껏 마시는 일은,
옛 사람들도 마땅히 그림 속에서나 보네.

五陵年少入長安, 處處樓臺極意歡.
九陌細風楊柳軟, 一簾微雨杏花寒.
鵝黃滿酌琉璃盞, 熊白分排瑪瑙盤.
行樂及時宜縱飮, 古人須向畵中看.

2 오릉(五陵) : 오릉은 함양(咸陽) 부근에 있는 서한(西漢) 다섯 황제의 능인데, 이곳에 능을 세울 때마다 사방의 부호들을 옮겨 와 살도록 했기 때문에 번화한 곳을 상징하기도 하였는데, 당나라 때에 이르러서는 유락지로 변하였다.

3 누런 술 : 원문의 '鵝黃'은 술 이름인 아황주를 말하는 것인데, 이 술은 거위새끼처럼 색깔이 노랗다고 하여 이렇게 부른다.

4 흰 안주 : 원문의 '熊白'은 본래 곰의 심장에 붙어 있는 하얀 지방을 가리키는데, 맛이 좋아 귀한 안주로 쓰인다.

중양절에 약산*의 동대에서 자순의 시를 차운하여 상인에게 줌*
九日藥山東臺次子順韻贈上人

수유를 차고[1] 약산의 꼭대기에서 좋은 모임 가질 때,
해질녘 피리불고 북치며 시끄럽게 떠들었지.
서쪽으로 해문을 바라보니 조선과 중국의 경계가 보였고,
북쪽에서부터 뻗은 산세는 쪽빛 하늘에 우뚝하였네.
슬프고 기쁜 것 운수가 있고 생사도 막혔거늘,
유자와 불자가 세월이 흐른 뒤에 다시 만났네.
이야기하다 한밤에 이르니 추위가 뼛속에 스며드는데,
이곳의[2] 밝은 달아래 만남도 모두 인연이라네.

* 약산(藥山) : 평안도에 있는 산이름. 진달래가 많기로 유명하다.

* 이 시는『林白湖集』卷3에「附天遊子」라는 말 아래「次贈圭大禪」라는 제목으로 실려 있다.

1 수유를 차고 : 중양절의 풍습 가운데 액막이를 위하여 붉은 수유를 머리에 꽂거나 옷깃에 차는 일이 있었다.

2 불교에서 8방과 상·하를 시방세계[十方世界]라고 하는데, 이곳의 '一方'은 그 가운데 하나를 뜻하며, 현재 자신이 있는 곳을 말한다.

佩茱佳[3]會藥山巓, 簫鼓喧闐[4]落日邊.
西[5]望海門夷夏界, 北來山勢蔚藍天.
悲歡有數存亡隔, 儒釋重逢歲序[6]遷.
話到夜深凉透骨, 一方明月摠因緣.

부록 : 규대선에게 차운하여 줌

附 次贈圭大禪[7]

광려산[8]에 학鶴을 날려 제일봉에 암자 지으니,
향불 적적해라 옛 성곽 옆이로다.
나그네 잡념 없고 중도 말이 없거늘,
물은 찬 못에 있고 달은 하늘에 떴도다.
구름 모양 조석 따라 스스로 변하지만,
산은 예나 이제나 바뀌질 않는다오.
석루石樓라 바람 이슬 저렇듯 깨끗하니,
우리 스님 찾아가서 좋은 인연 들어보세.

3 『백호집』 권3에는 佳가 高라 되어 있다.

4 『백호집』 권3에는 喧闐이 聲喧이라 되어 있다.

5 『백호집』 권3에는 西가 南으로 되어 있다.

6 『백호집』 권3에는 序가 月로 되어 있다.

7 이 시의 번역과 주석은 『역주 백호전집』 상·하(신호열·임형택 역주, 창작과 비평사, 1997)의 것을 인용함.

8 광려산(匡廬山) : 충청도 한산(韓山) 고을에 있는 산 이름. 권헌(權攇)의 「광려도폭제영서(匡廬圖幅題詠序)」에서 "광려는 우리 고향의 진산(鎭山)이다."고 하였다.

飛鶴匡廬築一顚, 寥寥香火古城邊.

客無塵想僧無語, 水在寒潭月在天.

雲態自隨朝暮變, 山容不與古今遷.

石樓風露淸如許, 試向吾師說淨緣.

(林悌, 『林白湖集』 卷3)

동진 이상서가 연경에 조회를 가는 것을 송별함
送東津李尚書朝燕京

형문[1]에 가을 오자 변방의 구름은 높고,
망해정이란 정자를 세우니 여섯 마리 자라가 이고 있네.
온 골짜기 동쪽으로 향하여 발해로 치닫고,
장성이 서쪽에 있는 임조[2]에서부터 일어났네.
바야흐로 태사[3]의 문장이 뛰어남을 알겠으니,
더욱 원룡[4]의 심기가 우뚝함을 생각하네.
평생 동안 천지를 경륜할 뜻[5]을 지녔는데,
스스로 궁항의 쑥대 속에 묻혀 죽는 것 가련해 한다.

1 형문(荊門) : 중국의 지명으로 지금의 호북성에 있는데, 형주(荊州)를 말하며, 형문산(荊門山)을 가리키기도 한다.

2 임조(臨洮) : 중국 감숙성(甘肅省)에 있는 지명으로 만리장성이 이곳에서부터 시작된다고 한다.

3 태사(太史) : 『사기』를 지은 사마천(司馬遷)을 말한다.

4 원룡(元龍) : 동한 때의 사람 진등(陳登)의 자인데, 진등은 호기(豪氣)가 대단하였다고 한다. "원룡은 기상이 백 척의 높은 누대와 같다[元龍百尺樓]."라는 말이 자주 입에 오르내린다.

5 천지를 경륜할 뜻 : 원문의 '孤矢'는 '桑弧蓬矢'의 준말로, 천지 사방을 경륜하고자 하는 큰 뜻을 의미한다. 『예기』「내칙(內則)」에 사내아이가 태어나면, 뽕나무로 활을 만들고, 쑥대로 화살을 만들어 웅비를 기대했던 풍습이 있었다고 한다.

荊門秋色朔雲高, 望海亭開戴六鰲.

萬壑東歸驅渤海, 長城西起自臨洮.

定知太史文章壯, 更想元龍氣岸豪.

孤負百年弧矢志, 自憐窮巷沒蓬蒿.

안계장이 계림*으로 귀근가는 것을 보냄 두 수
送安季章歸覲鷄林 二首

1

교제를 함에 백미의 뛰어남[1]을 진실로 보았는데,
지금 떠나감에 혼정신성의 즐거움[2] 다함이 없네.
형산[3]의 기러기 날려고 하니 눈을 띄었고,
대유령[4]의 매화 피어나자 향기가 전해오네.
황권[5]에 마음을 쏟아 시는 상자에 가득하고,
여가에는 붉은 치마[6]에 몇 번이나 취했던가?
높은 누대에 올라 옥피리를 불지 마오,
태평한 문물이 지는 해에 속하였다오.

* 계림(鷄林) : 경주의 옛 이름. 여기서는 경주를 예스럽게 부르는 말.

1 백미의 뛰어남 : 삼국시대 마량(馬良)은 다섯 형제 가운데 가장 뛰어났는데, 그의 눈썹이 희었다고 한다. 그래서 여럿 가운데 뛰어난 사람을 백미라 부른다.

2 혼정신성의 즐거움 : 혼정신성(昏定晨省)은 저녁에 부모님 잠자리를 정하여 드리고, 새벽에 문안인사를 하는 것으로, 부모님께 효도하는 즐거움을 말한다.

3 형산(衡山) : 중국의 오악 가운데 하나로 남쪽에 있는 산이다. 기러기가 이곳 밖으로 넘어가지 않는다고 한다.

4 대유령(大庾嶺) : 중국 5대 준령의 하나로 강서성과 복건성을 연결하는 큰 고개이다. 이곳에 당나라 때 이름난 재상 장구령(張九齡)이 매화를 심어 매화가 많으므로 매령(梅嶺)이라고도 불린다.

5 황권 : 서책을 말한다.

6 붉은 치마 : 기녀를 말한다.

托交眞見白眉良, 此去晨昏樂未央.
衡雁欲飛猶帶雪, 嶺梅初放已傳香.
遊心黃卷詩盈篋, 餘事紅裙醉幾場.
莫上高樓吹玉笛, 太平文物屬殘陽.

2

젊었을 적에 계림과 반월성[7]에서 놀았는데,
돌아온 뒤로 누런 잎 지는 가을 몇 번이나 지냈나?
등왕각에서 부를 짓던 사람[8] 이미 늙었고,
연자루의 가인[9]은 아마도 흰머리가 되었겠지?
혼정신성에 그대가 즐거워 할 것 알지만,
그대와 헤어지는 이 근심을 누가 풀어주려나?
좋은 술 석 잔으로 취하는 것 피하지 마오,
눈이 얼음 시내를 덮어 얼어 흐르지 않으니.

少日鷄林半月遊, 歸來黃葉幾經秋.
滕王賦客非紅頰, 燕子佳人想白頭.
定省極知君有樂, 別離誰禁我懷憂.
三杯綠酒休嫌醉, 雪壓氷河凍不流.

7 계림과 반월성: 모두 경주에 있는 신라의 유적이다.

8 등왕각에서 … 사람: 당나라 초기 시인으로 「등왕각서」를 지어 천하에 이름을 떨친 왕발(王勃)을 가리키는 것이지만, 여기서 작자 자신을 말한다.

9 연자루의 가인: 연자루는 원래 당나라 정원(貞元) 연간에 상서 장음(長愔)이 애첩 관반반(關盼盼)을 위해 지은 것이지만, 여기서는 작자가 옛날 계림의 누대에서 기녀와 놀았던 일을 생각하며 말한 것이다.

신질부가 양산에 들어가는 것을 보내며
送申質夫入*楊山

소나무 바람소리 가늘게 울려 가을 하늘에 가득한데,
북두성은 반짝반짝 한밤중에 빛나네.
병풍으로 촛불 둘러치고 운우의 꿈을 꿔도 무방하나,
패옥으로 된 가락지 낀들 마우의 바람[1]이니 어찌 할건가?
부드러운 마음은 멀리 하늘 가 풀에 맺혀있고,
이별의 한은 깊이 우물가의 오동에 더하였네.
진중한 이 마음을 누가 이해할 것인가?
매우 깊은 곳에 우리 공을 보내주오.

松濤細響滿秋空, 星斗闌干午夜中.
屛燭不妨雲雨夢, 珮環其奈馬牛風.
柔腸遠結天邊草, 別恨深添井上桐.
珍重此懷誰料得, 十分深處送吾公.

* 원문에는 人으로 되어 있으나, 入의 오자인 듯하다. 신질부 : 생년은 1555년. 신박(申樸)을 가리킴. 질부는 자, 본관은 고령. 선조 38년(1605)에 진사시에 합격하였다.

1 마우의 바람 : 매우 멀리 떨어진 것, 혹은 서로 아무 상관없는 것을 말한다. 춘추시대 초자(楚子)가 침공해 온 제 환공(齊桓公)을 보고, "임금께서는 북해(北海)에 살고, 저는 남해에 사니, 바람난 소나 말[風馬牛]도 도달할 수 없는 거리입니다."라고 한 데에서 유래하였다.

중의 시축에 제봉*의 운을 차운하여 쓰다
僧軸次霽峰韻

젊었을 적에 봉영蓬瀛[1]에서 편지를 접하고,
몇 번이나 시신의 반열에서 붓을 잡았던가?
풍류스런 문채는 여러 사람의 위에 있고,
한묵과 공명은 한바탕 웃음 사이에 있도다.
관새의 눈과 고개의 구름은 시로 읊을 만하고,
가을 국화의 지는 꽃잎은 좋은 찬거리이네.
창생을 일으키는 장사의 사부 가의이니,
이 사람을 물건을 버리듯 보지 마오.[2]

* 제봉(霽峰) : 조선중기의 문신 · 의병장 고경명(高敬命 : 1533~1592)의 호. 본관은 장흥(長興). 자는 이순(而順), 호는 제봉(霽峰) · 태헌(苔軒). 1552년(명종 7) 사마시에 제1위로 합격하여 진사가 되고, 같은 해 식년문과에 장원으로 급제하여 성균관 전적에 임명되었다. 1590년 승문원판교로 다시 등용되었으며, 이듬해 동래부사가 되었으나 곧 서인이 실각하자 파직되어 고향에 돌아왔다. 1592년 임진왜란이 일어나자 여러 고을에 격문을 돌려 6,000여 명의 의병을 담양에 모아 진용을 편성하여 싸워 큰 공을 세웠고, 마침내는 아들 인후와 유팽로 · 안영 등과 더불어 순절하였다.

1 봉영(蓬瀛) : 신선이 사는 곳인 봉래산(蓬萊山)과 영주산(瀛州山)을 함께 일컫는 말이다.

2 창생을 … 마오 : 한나라의 가의(賈誼)가 좌천되어 장사왕(長沙王)의 태부(太傅)로 있다가 일 년 뒤 부름을 받고 돌아오니, 문제(文帝)가 선실(宣室 : 미앙궁에 딸린 궁전)에 있다가 그를 맞아 귀신에 대한 이야기를 들으며 자기도 모르게 다가앉아 경청하였다고 한다. 여기서는 아마도 고경명을 가의에 비겨 다시 등용되기를 바라는 뜻을 담아 노래한 것으로 보인다.

少歲蓬瀛接羽翰, 幾回簪筆侍臣班.

風流文彩諸公上, 翰墨功名一笑間.

關雪嶺雲堪賦咏, 落英秋菊好供餐.

蒼生爲起長沙傅, 莫向斯人棄物看.

이익지*가 관동에 유람가는 것을 보내며
送李益之遊關東

부상의 서쪽 끝 낙랑의 동쪽에,
붉은 절벽 우는 모래[1] 샛길로 통하네.
고래 같은 섬 해 뜨자 놀 낀 나무는 푸르고,
사슴 수레[2]로 봄을 보내자니 해당화[3]는 붉으리라.
인간세계에서는 이미 세 가지 학문[4]을 인정하였고,
신선의 계보에는 진실로 절반의 공을 더하였네.
반드시 가을이 오면 나도 또한 갈 것이니,
십주[5]에 피리 불며 학을 타고 하늘의 바람을 즐기리.

* 이익지(李益之) : 조선 중기의 시인 이달(李達 : 1539~1612). 그의 자가 익지이다. 본관은 신평(新平). 호는 손곡(蓀谷)·서담(西潭)·동리(東里). 영종첨사 수함(秀咸)의 아들이나, 홍주의 관기(官妓)에게서 태어났으므로 서자로 자랐다. 원주 손곡에 묻혀 살았기에 호를 손곡이라고 하였다. 처음에는 당시 유행에 따라 송시(宋詩)를 배우다가, 정사룡(鄭士龍)과 박순(朴淳)으로부터 당시를 배웠다. 시풍이 비슷한 최경창(崔慶昌)·백광훈(白光勳)과 어울려 시사(詩社)를 맺어, 문단에서는 이들을 삼당시인(三唐詩人)이라고 불렀다. 시집으로 『손곡집』(6권 1책)이 있다.

1 우는 모래 : 원문의 '鳴沙'는 강원도 고성에 있는 '명사십리'를 말한다. 이곳의 모래는 밟으면 맑은 소리가 난다고 하여 이렇게 부른다.

2 사슴 수레 : 후한의 포선(鮑宣)이 청빈한 것을 승상하자, 갓 결혼한 그의 아내가 혼수품을 모두 친정으로 돌려보내고, 남편과 녹거(鹿車)를 끌며 향리로 돌아갔다고 한다.

3 해당화 : 명사십리에 해당화가 많다고 한다.

4 세 가지 학문 : '삼학'은 음양과(陰陽科)의 천문학(天文學), 지리학(地理學), 명과학(命課學)을 말한다. 중인 계층이 익히던 것이다.

5 십주(十洲) : 신선이 사는 곳을 이르는 말로, 한나라의 동방삭(東方朔)이 『십주기(十洲記)』를 지은 바 있다.

扶桑西極樂浪東, 丹壁鳴沙細路通.

鯨島日開烟樹綠, 鹿車春盡海棠紅.

人間已許三餘學, 仙譜眞添一半功.

準擬秋來吾亦逝, 十洲笙鶴弄天風.

벗이 어머니를 모시고 호남으로 돌아가는 것을 보내며
送友人奉母歸湖南

남국의 번화한 곳 옛날 모두 돌아보았는데,
그대가 지금 그곳으로 감에 흥이 또한 같도다.
시 짓는 마음은 세 가지 위[1]에서 기대할 수 있지만,
이별의 마심에 어찌 해야 다시 한 번 취할 수 있으랴?[2]
매화꽃은 좋은 비를 생각하는 마음이 있고,
버들가지는 봄바람을 배워서 힘이 없네.
세월은 시 짓는 사람을 위해 머물지 않는데,
말 한 필과 두 어린아이를 데리고 나도 동으로 간다.

南國繁華昔討窮, 君今此去興還同.
詩情可待從三上, 別飮何須復一中.
梅萼有心思好雨, 柳條無力習春風.
光陰不爲騷人住, 匹馬雙童我亦東.

1 세 가지 위 : 구양수(歐陽脩)가 문장을 지을 때 생각이 떠오른 곳 세 가지를 말하였는데, 베개 위, 측간 위, 말 위라고 하였다.

2 한 번 취할 수 있으랴 : 삼국시대 위나라 상서랑 서막(徐邈)이 술을 좋아하여 금주령이 내려졌음에도 잔뜩 취하였다. 교위(校尉) 조달(趙達)이 문자, 그는 "내가 성인에게 맞았다[中聖人]."라고 하였다. 옛날에 맑은 술을 현인이라 하고 탁주를 성인이라 하였으므로, 이렇게 말한 것이다. 따라서 '중'은 술에 취한 것을 말한다.

용문사*에서 이신경과 헤어지며
龍門別李信卿

고향의 편지 몇 산봉우리 너머에 있다가,
백년이 지나서 오늘 운림에 이르렀네.
문장은 유한하지만 모두 나의 적수이고,
동이의 술 많지 않아 양에 맞춰 잔질하네.
산수에 노니는 생각 애초에 얕지 않았지만,
고향 동산에 돌아가는 꿈 또한 금하기 어렵다.
그대 때문에 종남의 흥[1]이 더욱 일어나서,
비로서 공자가 노나라를 떠나던 마음[2]을 알겠네.

故國音書隔幾岑, 百年今日到雲林.
文章有限皆吾敵, 樽酒無多合量斟.
丘壑雅懷元不淺, 松楸歸夢亦難禁.
因君更起終南興, 始覺宣尼去魯心.

* 용문사(龍門寺) : 경기도 양평에 있는 절.

1 종남의 흥 : 종남은 장안의 남쪽에 있던 산 이름인데, 도연명이 은거의 흥취를 「음주시」에서 "동쪽 울 아래에서 국화꽃을 따다가, 유연히 남산을 바라본다[採菊東蔚佳下, 悠然見南山.]"라는 구절이 있다. 종남의 흥은 곧 은거하고자 하는 마음을 말한다.

2 공자가 …… 마음 : 차마 발걸음이 떨어지지 않음을 말한다. 맹자는 공자가 노나라를 떠날 때 "더디고 더디도다. 나의 발걸음이여."라고 했다고 전한다.

소씨와 한씨 두 사람이 찾아 왔다
蘇韓二子來訪

소씨와 한씨 두 사람이 나를 찾아오니,
길이 험하여 내 말이 피곤한 것 아깝지 않네.
세월이 수없이 흘렀으나 소식은 막혔으니,
운산에 누구와 더불어 우스갯소리를 할 것인가?
한 켠으로 해가 비꼈는데 보슬비 내리니,
백 갈래의 폭포는 커다란 우레 소리 보내온다.
진중한 이 마음을 다른 이에게 알릴 길이 없어,
한 잔 술에 부질없이 다시 또 한 잔 마음만 아득하네.

蘇韓二子訪余來, 不惜危程我馬隤.
歲月幾曾消息阻, 雲山誰與笑談開.
半邊斜日明疎雨, 百道飛川送隱雷.
珍重此懷無以報, 一杯空復意悠哉.

질부에게 주다
贈質夫

양산[1]의 소식은 아득히 멀기만 하여,
지는 해 떠가는 구름 모두 근심뿐이라네.
밝은 달 높은 누대에서 옥피리 불며,
가을바람 구슬발을 은 갈고리로 걷어 올렸다.
나는 지금 서울에 둘도 없는 선비이고,
자네 또한 이원[2]의 일류 가는 재자라네.
지금부터 한가한 마음 아침저녁 함께 하니,
애교를 부리거나 부끄러워해서는 안되리.

楊山消息遠悠悠, 落日浮雲摠是愁.
明月高樓吹玉笛, 西風珠箔捲銀鉤.
我今京國無雙士, 爾亦梨園第一流.
從此閑情共朝暮, 未應嬌笑且障羞.

1 양산(楊山) : 신질부(申質夫)가 있는 곳이다. 앞에 「신질부가 양산에 들어가는 것을 보내며」라는 시가 있다.

2 이원(梨園) : 당나라 현종 때 이원의 궁정에 예능인(藝能人)을 모아 놓고 가무(歌舞) 등을 연습시키면서 그들을 이원 제자(梨園弟子)라고 불렀다.

제원 김장이 추로백* 한 병을 보내왔다
濟源金丈送秋露一壺

조상糟床과 주낭酒囊[1]을 쓰지 않았는데도,[2]
빛이 가을 이슬보다 진하여 엉겨서 맑은 빛이 난다.
황금 솥 속에서 약하게 타는 불[3]을 좇고,
백옥의 소반 가운데서 무황을 기다린다.[4]
늙어가면서 좋은 약을 구하지 않으니,
취하면 어느 곳인들 고향이 아니랴?
풍류는 선생이 살아계신 덕분에 즐겼고,
예교는 항상 완적의 미친 짓[5] 용납되었네.

* 추로백(秋露白) : 옛날 중국 산동에서 나던 유명한 술.

1 조상과 주낭 : 옛날에 술을 거를 때 쓰는 도구이다. 주상은 술지게미를 짜내는 틀이고, 주낭은 주머니에 담아 짜는 것이다.

2 않았는데도 : 추로백은 탁주처럼 걸러내는 것이 아니고, 증류식 소주이기 때문에 이렇게 말했다.

3 약하게 타는 불 : 불에는 문·무 두 가지가 있는데, 문화(文火)는 약하게 타는 불이고, 무화(武火)는 거세게 타는 불이다.

4 백옥의 … 기다린다 : 한나라 무제는 신선이 되고자 흰 소반 위에 선인의 손바닥 모양을 만들어 설치하고 이슬을 받아 마셨다고 한다.

5 완적의 미친 짓 : 완적은 중국 진(晉)나라 때의 죽림칠현(竹林七賢) 가운데 한 사람인데, 방달불기(放達不羈)하여 기이한 행적을 많이 남겼다. 수레를 타고 아무 곳이나 가다가 길이 막히면, 더 이상 갈 수 없다고 대성통곡을 하고 돌아온 고사가 있다.

不用糟床與酒囊, 色凝秋露淡淸光.
黃金鼎裏從文火, 白玉盤中待武皇.
老去不須求大藥, 醉來何處是他鄕.
風流賴有先生在, 禮數常容阮籍狂.

두 번째 연은 "글짓는 사람 마주하니 얼굴이 펴지고, 어린아이들에게 가르침을 베푸니 함께 맛볼 것을 허락하네."라고도 한다. 끝구절은 또 "풍류는 만약 선생이 살아 있지 않았다면, 어부가 어찌 일찍이 취향에 들어갈 수가 있겠는가?"라고도 한다.

第二聯一作 '可對騷人容一伸, 宣敎兒輩許同嘗.' 末句一作 '風流不有先生在, 漁父何曾入醉鄕.'

멋대로 부르는 노래
放歌行

나그네여! 나그네여! 마음이 슬프도다.
한해가 저물도록 아직 조롱을 벗어나지 못했구나.
백년 동안 내내 꿈속의 꿈만 꾸었으니,
부귀도 하루아침에 가을 물처럼 공허하네.
속마음과 세속의 일이 진실로 사이가 머니,
만약 배만 있었다면 나도 동쪽으로 갔으리.
일만 봉우리에 가을이 오면 틀림없이,
번연히 머리를 헤치고 찬바람을 맞으리.

有客有客心忡忡, 歲晩尙未辭樊籠.
百年長占夢中夢, 富貴一朝秋水空.
肝膽與世眞相隔, 倘有江船吾亦東.
準擬秋來一萬峰, 翩然披髮御冷風.

성칙우*가 풍악*으로 놀러가는 것을 보내며 送成則優遊楓嶽

흰 갑이 슬피 울어 검기가 솟아오르니,[1]
잠시 물외에서 비장방[2]의 지팡이를 잡았다.
부상에서 앉아 동해의 해를 바라볼 것이고,
옛 잣나무는 아직 서쪽에서 온 중[3]을 마주하리.
비로봉[4] 만 길이나 높이 하늘 속으로 솟아있고,
휘황한 은과 옥의 빛이 어지럽게 빛나리.

* 성칙우(成則優) : 조선 중기의 문신 성호선(成好善 : 1552~?)을 말함. 본관은 창녕(昌寧). 자는 칙우(則優), 호는 월사(月簑). 예조참판 수익(壽益)의 아들이다. 병절교위(秉節校尉)로 1589년(선조 22) 증광문과에 을과로 급제하였다. 1595년 형조정랑으로 다시 기용되고 이어 사성 · 정언을 지냈다. 1602년 충주목사가 되었으나 도체찰사의 장계(狀啓)로 파출(罷黜)되었다. 사신(史臣)은 그를 사람됨이 부잡(浮雜)하고 회해(詼諧)를 좋아하였다고 평하였다. 저서로는『월사집』이 있다.

* 풍악(楓嶽) : 금강산의 가을이름이다.

1 흰 갑이 … 솟아오르니 : 흰 갑은 장식이 없는 칼집을 말한다. 용천검이 주인을 잃어 상자 속에 감추어져 있는 것을 말한다. 진나라 무제 때 장화(張華)의 부탁으로 뇌환(雷煥)이 용천검과 태아검을 발굴한 뒤에 용천검은 장화에게 주고, 태아검은 자신이 차고 다녔다. 장화가 죽은 뒤 용천검이 어디론가 없어졌는데, 뇌환의 아들이 태아검을 차고 연평진(延平津)을 지날 때, 칼이 물속으로 뛰어들어 찾아보니 두 마리 용이 하늘로 사라졌다고 한다.

2 비장방(費長房) : 호공(壺公)이 저자에서 약을 팔다가 벽에 걸어놓은 호리병 속으로 들어가는 것을 보고 비장방이 따라 들어가니, 호로 속은 완전히 인간세상과는 다른 별천지였다고 한다.

3 서쪽에서 온 중 : 금강산의 유점사 연기설화에 인도의 불승 담무갈(曇無竭)이 큰 종에 53개의 부처를 싣고 나서 느릅나무 아래에 절을 지었다고 하는데, 이것이 유점사라는 것이다.

4 비로봉 : 금강에서 최고로 높은 봉우리이다.

하늘 바람이 오운거[5]를 불어서 내려보내니,
때때로 신선이 함박 웃음짓는 것 보이네.

素匣悲號劍氣騰, 暫携物外長房藤.
扶桑坐看東海日, 古栢尙對西來僧.
毘盧萬仞入霄漢, 爛銀濃玉光凌亂.
天風吹下五雲車, 時見仙人一笑粲.

5 오운거 : 신선이 타고 다니는 수레.

五言律詩

어느 사람이 남은 힘이 있기에,
용산의 기슭에 집을 새로 지었나?
건곤은 두보의 누대와 같고,
물과 달은 소식의 적벽과 같네.
거센 바람이 내 배를 이끌어,
저녁 늦게 너른 강굽이에 이르렀네.
주인이 돌아오는 것 보지 못하니,
마치 산음의 나그네와 같은 처지이네.

-訪友不遇

벗을 찾아갔다가 만나지 못함
訪友不遇

어느 사람이 남은 힘이 있기에,
용산의 기슭에 집을 새로 지었나?
건곤은 두보의 누대[1]와 같고,
물과 달은 소식의 적벽[2]과 같네.
거센 바람이 내 배를 이끌어,
저녁 늦게 너른 강굽이에 이르렀네.
주인이 돌아오는 것 보지 못했지만,
황홀하기는 산음의 나그네[3]와 같네.

何人有餘力, 卜築龍山麓.
乾坤杜子樓, 水月蘇仙壁.
長風駕我舟, 晩着滄江曲.
不見主人歸, 恍如山陰客.

1 두보의 누대 : 두보가 지은 악양루시(岳陽樓詩)가 유명하여 이렇게 말하였다.

2 소식의 적벽 : 소동파가 지은 「적벽부(赤壁賦)」가 유명하여 이렇게 말하였다.

3 산음의 나그네 : 진나라의 명필 왕희지(王羲之)가 산음을 지나다 주인도 없는 거위를 보고 좋아하다가 도덕경을 써주고 거위와 바꿨다는 고사가 있다.

임자순에게 부침
寄林子順

서울에서 한 번 헤어진 뒤로,
하늘 가 어느 곳에서 노는가?
꿈은 외로운 달을 좇아 아득하고,
마음은 큰 강을 따라 흐른다.
등불과 촛불을 왕손댁에 밝히고,[1]
거문고와 바둑을 연자루에서 둔다네.[2]
구월이 지나도록 소식이 없어,
그리움은 사람을 근심스럽게 하네.

京洛一爲別, 天涯何處遊?
夢隨孤月逈, 心與大江流.
燈燭王孫宅, 琴碁燕子樓.
三秋度消息, 却憶使人愁.

1 등불과 … 밝히고 : 귀한 집에서 등불 켜고 공부하는 모습을 그리며 읊었다.
2 거문고와 … 둔다네 : 기녀와 함께 누대에서 풍류를 즐기는 것을 말했다.

낙영산 공림사에서 노닐며
遊落影山空林寺

지는 해에 골짜기는 더욱 깊어지고,
가을바람에 소나무 · 회나무 읊조린다.
푸른 산은 모두 그림자를 드리우고,
누런 잎이 지니 숲은 절로 비어 간다.
중이 사는 집에는 흥함과 폐함이 있고,
나그네가 가는 데에는 고금이 없다.
한 밤 자는 것 무슨 방해가 되랴?
밝은 달을 보며 새소리를 듣는다.

斜日洞天深, 秋風松檜吟.
青山皆落影, 黃葉自空林.
僧舍有興廢, 客行無古今.
何妨一宵宿, 明月聽啼禽.

산에서 살며 눈에 보이는대로
山居卽事

골짜기에는 구름이 모두 잦아들고,
시내와 산은 저녁 늦게 개었네.
봄이 오려하니 새가 우지 짖고,
비가 무정하게 내리니 꽃이 진다.
그윽한 길 바위 집은 멀고,
외로운 지팡이 발걸음도 가볍다.
만약에 푸른 수염 늙은이[1]를 만나거든,
곧바로 장생술을 묻고자 하네.[2]

洞壑雲歸盡, 溪山屬晩晴.
鳥啼春有意, 花落雨無情.
幽逕巖棲遠, 孤筇野服輕.
如逢綠髮叟, 直欲問長生.

1 푸른 수염 늙은이 : 소나무를 가리키는 말이다.
2 곧바로 … 하네 : 한나라 유방을 도와 천하를 통일한 뒤에 장량(張良)은 적송자(赤松子)를 좇아 신선이 되었다고 한다.

향산에서 눈에 보이는대로
香山卽事

한 해가 저물 무렵 향산사에 가서,
선방에서 조그만 화로를 안고 있었네.
거센 바람 처음에는 휙휙 불더니,
펄펄 내리는 눈은 바로 죽을 뿌리는 듯.
발에는 오고가는 그림자 조용하고,
창에는 들릴락 말락 소리도 그쳤네.
아이 불러 새로운 차를 끓이라 하며,
서호에 있을 때를 생각해 보네.

歲暮香山礼, 禪房擁小爐.
嚴風初淅瀝, 急雪正糊糢.
簾靜影來往, 窓虛聲有無.
呼童煮新茗, 却憶在西湖.

설학* 형이 형강*으로 돌아가는 것을 보내며
送雪壑兄歸荊江

동쪽 시냇가에서 송별을 할 때에는,
양기 실은 것을 느낄만한 꽃이 없었네.
인간 세상에는 흐르는 물도 급하고,
세상 밖에는 밝은 해가 길기도 하다.
자취를 어찌 해야 신선처럼 감추랴?
마음은 오히려 늙은이처럼 미쳤도다.
동이를 기울이며 취하는 것 사양하지 마오,
초나라 노래는 악장을 이루지 못하니.

送別東溪上, 無花感載陽.
人間流水急, 物外白日長.
跡豈神仙秘, 心猶老夫狂.
齊樽莫辭醉, 楚曲不成章.

* 설학(雪壑) : 조선 중기의 의병장 이대기(李大期 : 1551~1628)의 호. 본관은 전의(全義). 자는 임중(任重), 호는 설학(雪壑). 경상남도 초계 출신. 조식(曺植)을 사사하였다. 임진왜란 때 고향에서 의병을 모집하여 창의장(倡義將) 정인홍(鄭仁弘) 휘하에서 공을 세워 장원서 별제(掌苑署別提)가 되었다. 1599년(선조 32) 형조정랑, 이듬해 영덕현령, 1608년 청풍군수 · 함양군수 등을 지냈다. 문명(文名)이 있었다. 초계의 청계서원(淸溪書院)에 제향되었다. 저서로 『백령지(白翎志)』 · 『설학소문(雪壑謏聞)』이 있다.

* 형강(荊江) : 충청도 문의현(文義縣 : 지금의 상당구 문의면)에 있는 지명.

제목없음
無題

남쪽 지방에서 가을을 지나 이별을 하고,
향기로운 편지에 그리움을 금할 수 없네.
소년시절에는 붉은 소매로 훌쩍이더니,
오늘은 흰머리로 시를 읊조리는구나.
달은 누대 가운데 베개 위로 비치고,
밤 깊은 호수 가에서 거문고 소리 난다.
술동이 앞에서 얼굴빛은 기뻐서,
그대 옛 친구의 마음을 알 것만 같네.

楚國經秋別, 香書思不禁.
少年紅袖泣, 今日白頭吟.
月入樓中枕, 夜深湖上琴.
樽前喜顏色, 知爾故人心.

남원의 청계동*에서 놀며
遊南原淸溪洞

푸른 빛 종남산이 가까이 있는데,
가을바람은 검은 연기를 불어 보낸다.
새는 높은 산 속에서 날아오르고,
사람은 석양 가에서 강을 건넌다.
속세에는 살 땅이 없음을 알지만,
강호에는 별천지가 있는 것을.
세상에 나가고 숨는 것 정해지지 않아,
밥을 얻어먹으며 또 슬퍼하네.

翠色終南近, 西風拂冥烟.
鳥飛危嶂裏, 人渡夕陽邊.
塵世知無地, 江湖別有天.
行藏猶未定, 寄食復凄然.

* 청계동(淸溪洞) : 옛날의 남원, 지금의 전남 곡성군 곡성읍 신기리에 있는 골짜기. 지금도 이름난 유원지이다.

대동강에서의 가을 회포
大同秋懷

맑은 가을 대동강 가에 모여서,
다시 여러 사람과 약속을 하였네.
길은 강가 절벽으로 꺾여 들어가고,
정자는 돌계단에 위태롭게 임해 있네.
해가 지니 새는 짝을 지어 내려오고,
하늘은 넓은데 돛배 하나 더디게 온다.
너른 바다에 낙엽이 지는 속에,
왕손은 그리워하는 사람이 있다네.

清秋大同上, 復與數公期.
路入江崖斷, 亭臨石磴危.
日斜雙鳥下, 天闊一帆遲.
落木滄波裏, 王孫有所思.

서호에서 허치유에게 부침
西湖寄許稚游

울타리는 부서지고 연꽃 자란 강은 고요한데,
사립문은 손님을 기다려 연다네.
맑은 가을에 반악처럼 귀밑머리 세고,[1]
많은 병에 두릉처럼 누대에 오른다.
바람이 급하니 한 쌍 돛배 멀리 가고,
하늘이 맑으니 외로운 새는 돌아오도다.
저녁 구름이 때때로 눈에 들어오는데,
나그네는 아직도 돌아오지를 않네.

籬落蓮江靜, 柴扉待客開.
淸秋潘岳鬢, 多病杜陵臺.
風急雙帆逈, 天晴獨鳥廻.
暮雲時入望, 遊子未歸來.

1 반악처럼 … 세고 : 진나라 때의 반악은 자신이 술회한 바에 따르면, 32살 때부터 흰머리가 나기 시작했다고 한다.

강가에서 밤에 피리소리를 듣고
江上夜聞笛

적막한 연기와 파도가 깊게 끼어 있는데,
분명히 초나라 소리가 들려온다.
관산에서는 한없이 눈물을 흘리고,
강한에서는 돌아가지 못한 마음이로다.
달빛은 벽과 창에 나뉘어 비추고,
바람 소리는 대나무 숲에서 불어오네.
어찌하여 한 밤에 들려오는가?
머리가 더욱 세어지는 것을 느끼네.

寥亮烟波邃, 分明是楚音.
關山無限淚, 江漢未歸心.
月色分窓壁, 風聲在竹林.
如何一夜聽, 更覺二毛侵.

김계운을 부여의 시소*로 보내며
送金季雲扶餘試所

김군은 호서로 떠나가는데,
가을바람에 배는 가볍게 떠간다.
서로 만나는 것 운수가 있음을 아니,
이 이별은 마치 정이 있는 것 같다.
천 강의 굽이굽이를 모두 지나고,
백제의 성을 이곳저곳 모두 다녔네.
그대에게 장옥[1]의 일을 말하노니,
노력하여 큰 이름을 떨치시기를.

金子湖西去, 秋風一棹輕.
相逢知有數, 此別若爲情.
歷歷千江曲, 行行百濟城.
爲言場屋事, 努力僮雄名.

* 시소(試所) : 시험을 보는 곳을 말한다.
1 장옥(場屋) : 과거시험장을 말한다.

홍양에서 동생에게 보냄
洪陽贈舍弟

떠나가서 삼년 동안 이별하였으니,
와서는 응당 열흘은 묵어야 하리.
소리쳐서 어린아이들을 불러 모으고,
좋은 술자리를 베풀어 주었네.
이슬은 하늘 가운데의 달을 씻고,
바람은 가을에 기러기 등 뒤로 세게 분다.
타향에서는 그윽한 흥취도 많으니,
어찌 중선처럼 누대에 올라 울건가?[1]

去作三年別, 來應十日留.
喧呼童稚集, 供設酒漿優.
露洗天心月, 風高雁背秋.
他鄕幽興足, 何用仲宣樓.

1 어찌 … 울건가 : 중선(仲宣)은 삼국시대 위나라 왕찬(王粲)의 자이다. 동탁(董卓)이 난을 일으키자 이를 피하여 형주(荊州)로 가서 15년을 지냈는데, 고향을 그리워하여 누대에 올라 「등루부(登樓賦)」를 지었다.

부녕에서 묵사에게 줌
復寧贈默師

동지는 모두 운수와 관계가 있어서,
가을 오니 다시 멀리 길을 가는구나.
십년동안 남쪽북쪽 길을 다니고,
천리 먼 길에 짧고 긴 정자를 지났네.
경치를 마주하여 새로운 구절을 보태고,
그대를 보면서 나의 삶을 비웃네.
바쁘게 또 이별을 아쉬워하면서,
지는 해에 송경으로 향하여 가네.

動止皆關數, 秋來復遠征.
十年南北路, 千里短長亭.
對景添新句, 看渠笑此生.
忽忽還惜別, 落日向松京.

자순에게 부침
寄子順

서울에서 맺은 교제가 있었기에,
주고받는 편지를 그만두지 못하였네.
고향을 그리는 마음은 물 따라 흘러가고,
나뭇잎은 부질없이 능에 떨어진다.
옛 절에 맑은 가을에 달이 뜨고,
서호에는 밤비에 등불을 밝혔네.
그리워 한 지 얼마나 지났는가?
천리의 저녁 구름 쌓인 만큼은 되리.

京洛神交在, 音書謝不能.
鄕心隨逝水, 木葉下空陵.
古寺淸秋月, 西湖夜雨燈.
相思知幾許, 千里暮雲層.

五言律詩

장단*의 객사에서
長湍客舍

뒤늦게 장단으로 향하여 가다가,
머뭇거리며 조그마한 내를 건넌다.
눈 내리는 밤에 외로운 등불 마주하고,
이향의 하늘 아래서 귀밑머리 희어진다.
골육은 수많은 산 밖에 떨어져 있고,
누대는 삼협[1] 가에 위태롭게 있도다.
어찌하여 나그네의 베갯머리에는
돌아가는 꿈을 이루기 어려운가?

晩向長湍去, 依依度小川.
孤燈寒雪夜, 愁鬓異鄕天.
骨肉千山外, 樓臺三峽邊.
如何客枕上, 歸夢更難圓.

* 장단(長湍) : 경기도 장단군을 말한다.

1 삼협(三峽) : 양자강 상류의 세 협곡을 말한다. 곧 상류쪽으로부터 구당협(瞿塘峽) · 무협(巫峽) · 서릉협(西陵峽)이 있다. 여기에서는 삼협처럼 험한 강가를 말한다.

봉은사* 스님의 시축에 지음
題奉恩寺上人詩軸

호우에서 옛날에 만났던 적이 있는데,
숲 속에서는 여전히 쉬지를 않네.
상방에 달 뜰 적에 종은 울리고,
광릉[1]에 배를 타고 나그네는 건넌다.
술을 잡고 근심 속의 흥을 달래보고,
스님으로 인하여 물외에 노니네.
하늘의 바람은 바야흐로 거세게 몰아치고,
산 빛은 이층 누대에 가득 비치네.

湖右舊相識, 林中仍未休.
鐘鳴上方月, 客渡廣陵舟.
把酒愁邊興, 因師物外遊.
天風正搖落, 山色滿層樓.

* 봉은사(奉恩寺) : 서울시 강남구 수도산(修道山)에 있는 절을 말한다.

1 광릉(廣陵) : 경기도 광주(廣州)를 이르는 말이다. 봉은사 터가 옛날에는 광주에 속하였다.

청향정에서 가을날 잔치를 열고
清香宴秋日

잠자리에서 막 잠이 들려고 할 제,
강성에는 비갠 경치 선명하도다.
숲이 깊어 저녁햇살 비추어 들고,
누대 밖으로 가을 하늘 보인다.
멀리 와서 귀밑머리 센 것에 놀라고,
새 막걸리는 시 백 편을 부른다.
곡식 익어가는 남국에는 흥이 넘치니,
백로도 호수와 논에 가득하도다.

宴寢初回夢, 江城霽色鮮.
林深宜返照, 樓外見秋天.
遠別驚雙鬢, 新醪喚百篇.
稻粱南國興, 白鷺滿湖田.

정토사에서 벗에게 부침
淨土寺寄友人

성시에서 열흘 지내다 이별을 하니,
어느 누가 술을 싣고 돌아오려나?
오직 사랑마저 그윽이 끊어져서,
먼지를 피하는 것 되지 않으리.
새는 저녁 숲을 향하여 가고,
중은 강의 달을 좇아오네.
지금부터 백련사[1]라는 절에서처럼,
애오라지 다시 종뢰[2]를 물으리.

城市經旬別, 何人載酒迴.
惟應愛幽絶, 不爲避塵埃.
鳥向晩林去, 僧隨江月來.
從今白蓮社, 聊復問宗雷.

1 백련사(白蓮社) : 동진(東晋)의 고승 혜원(惠遠)이 여산(廬山)의 동림사(東林寺)에서 승속(僧俗)의 18현과 염불결사를 맺었는데, 그 절의 연못에 백련이 많아 백련사라고 일컬었다고 한다.

2 종뢰(宗雷) : 진(晋)나라의 종병(宗炳)과 뇌차종(雷次宗)을 말하는데, 이들은 심양(潯陽)의 고상한 선비들이다.

송양의 기녀 매향에 대한 만사
松壤妓梅香挽

대 밖에 매화가지 하나가 꺾이니,
누대 앞에는 만사가 헛된 것이네.
기이한 향기는 부질없이 굴에 모이고,
밝은 달 떠도 발과 창을 닫고 있네.
물색은 동산의 꽃 가운데 아름다운데,
떠도는 혼은 저녁 빗속에 있도다.
봄이 와서 북쪽 물가를 찾으니,
그림자도 없이 봄바람에 흩날리네.

竹外一枝折，樓前萬事空.
異香虛聚窟，明月閉簾櫳.
物色園花裏，遊魂暮雨中.
春來尋北渚，無影散東風.

춘초정에서
春草亭

왕손이 행락을 즐기던 곳에,
한 번 들러 한 번 길게 탄식한다.
부귀는 신릉군[1]의 뒤를 이었고,
풍류는 왕·사[2]의 사이에 있네.
누대에서 지는 해를 바라보고,
가무를 즐기며 청산을 마주 했네.
꽃다운 풀도 봄빛을 알건만,
어찌해서 떠난 뒤 돌아오지 않는가?

王孫行樂地, 一過一長歎.
富貴信陵後, 風流王謝間.
樓臺看落日, 歌舞對青山,
芳草知春色, 如何去不還.

1 신릉군(信陵君) : ?~B.C.244. 전국시대 위(魏)나라의 공자. 이름은 무기(無忌). 문하에 식객 3천 명을 거느렸다고 한다. 제나라의 맹상군, 초나라의 춘신군, 조(趙)나라의 평창군(平昌君)과 함께 전국(戰國) 말기의 사군(四君)으로 꼽힌다.

2 왕·사(王謝) : 동진(東晋)의 대표적인 귀족으로 승상을 지낸 왕도(王道)와 사안(謝安)을 가리킨다.

七言絶句

듣자하니 동명은 가장 뛰어난 고을인데,
거의 모든 풍경이 강선루에 모였다네.
긴강도 또한 무산의 승경을 아는 듯이,
협곡을 감돌아서 짐짓 흐르지 않네.

- 降仙樓

강선루*에서
降仙樓

듣자하니 동명[1]은 가장 뛰어난 고을인데,
거의 모든 풍경은 강선루에 모였다네.
긴 강도 또한 무산[2]의 승경을 아는 듯이,
협곡을 감돌아서 짐짓 흐르지 않네.

聞說東明第一州, 幾多風景降仙樓.
長江亦解巫山勝, 繞峽盤回故不流.

* 강선루(降仙樓) : 평안도 성천군(成川郡)의 객관 서쪽에 있던 누대 이름이다

1 동명(東明) : 평양을 가리킨다.

2 무산(巫山) : 중국 삼협의 하나인 무협이 있는 곳의 지명이다.

청명절에
淸明

삼월삼일의 천기가 청명에 속하니,
지저귀는 제비 바쁘게 날고 간혹 꾀꼬리 우네.
나그네 돌아 올 제 꽃다운 낮은 길고,
푸른 버드나무 늘어진 남쪽 밭둑에는 말발굽도 가볍네.

三三天氣屬淸明, 語燕飛忙間囀鶯.
遊子歸來芳晝永, 綠楊南陌馬蹄輕.

무주의 삼청각에서 茂朱三淸閣

십주[1]와 삼도[2]의 신선이 사는 곳,
푸른 새는 멀리서 편지를 하나 전하네.
밝은 달 하늘에 가득하고 서늘한 밤은 긴데,
하늘의 바람은 오운거[3]를 불어서 내리네.

十洲三島羽人居, 青鳥遙將一札書.
明月滿空凉夜永, 天風吹下五雲車.

1 십주(十洲) : 신선들이 산다는 곳이다.
2 삼도(三島) : 신선들이 산다는 세 섬. 곧 봉래산, 방장산, 영주산이다.
3 오운거(五雲車) : 신선들이 탄다는 오색구름의 수레이다.

술잔을 마주하고 지음
對酒作

사람들이 무슨 일로 불경을 읽느냐 하면,
웃으며 삼생에 원이 많아 그렇다고 대답한다네.
하늘에서 비 내려 새조개 강을 술을 삼으니,
배에 가득히 풍월을 싣고 취하여 피리를 분다.

人言何事念彌陀, 笑答三生願許多.
天雨蛤蜊江作酒, 滿船風月醉笙歌.

상사일*에
上巳

인일[1] 길을 떠났던 사람 상사일에 돌아오니,
집집마다 거리마다 버드나무 하늘거리네.
삼생[2] 모두 번천의 늙은이[3]와 방불하여,
웃으며 꽃피는 마을에 들어서자니 비가 옷을 적시네.

人日行人上巳歸, 家家門巷柳依依.
三生髣髴樊川老, 笑入花村雨濕衣.

* 상사일(上巳日) : 매년 정월 첫 사일(巳日). 이날을 명절로 지냈다.

1 인일(人日) : 음력 정월 초이렛날. 이날에는 특히 사람을 소중히 여기는 풍습이 전해왔다고 한다. 그래서 일하지 않고, 외출을 삼가며 논다.

2 삼생(三生) : 불교에서 나온 말로 전생 · 이승 · 저승을 말한다.

3 번천(樊川)의 늙은이 : 당나라 때의 시인 두목(杜牧, 803~852)을 말한다. 그의 자가 목지(牧之), 호가 번천이다. 두보(杜甫)에 상대하여 소두(小杜)라 부르며, 시풍은 호방하면서도 청신(清新)하며, 특히 칠언 절구에 뛰어났다. 작품에 「아방궁부(阿房宮賦)」, 「산행(山行)」 등이 있다.

제목 없음 세 수*
無題 三首

1

화로의 향 사위고 달은 서산에 질 제,
비단 장막 추위를 막고 촛불 그림자 낮게 비치네.
굽은 병풍에 비스듬히 기대어 근심에 잠 못 이루니,
마치 오경의 닭소리 들은 듯하네.

鑪香消盡月輪西, 繡幕圍寒燭影低.
斜倚曲屛愁不寐, 若爲聽得五更鷄.

2

비바람에 배꽃 흩날릴 제 중문을 닫고,
푸른 새 날 때에 눈물 흔적을 보이네.
한 번 죽으면 이 이별을 잊는다 해도,
구원에서 또 애끊는 혼이 되리라.

* 이 시에 대해 『어우야담』(이월영 역본, 103쪽)에서 언급함.

梨花風雨掩重門, 靑鳥飛時見淚痕.

一死可能忘此別, 九原猶作斷腸魂.

3

꿈속에서 분명히 아름다운 임 보았는데,

비단이불 향나무 목침에 봄볕처럼 따듯했네.

변방에서 밤마다 길이 이와 같았다면,

반평생 어찌하여 꿈속의 몸 되었으리?

夢裏分明見玉人, 錦衾香枕暖生春.

關山夜夜長如此, 半世寧爲夢裏身.

축천정에서 이별을 하며* 중국 사람의 『명시별재』* 가운데에 뽑혀 들어갔다* 丑川亭留別選入華人『明詩別裁』中

가는 풀에 예쁜 꽃 핀 물가의 정자에,[1]
푸른 버들 그림같이 봄 성을 가렸네.
아무도 양관곡[2]을 부를 줄 아는 이 없어,
오직 청산만이 내가 가는 것을 보내네.

細草閑花水上亭, 綠楊如畵掩春城.
無人解唱陽關曲, 惟有靑山送我行.

* 이 시는 『해동역사』 권48 「예문지」에도 실려 있는데, "『명시별재』에 이르기를, '심덕잠(沈德潛)이 말하기를, 정취가 어리어서 당나라 시인들의 작품과는 다른 맛이 있어 구별된다.' 하였다."라고 하였다.

* 『명시별재(明詩別裁)』: 청나라의 심덕잠(沈德潛)이 엮은 명나라 시선집.

* 여기에는 제목이 「이별하면서 남기다」로 되어 있다.

1 『명시별재』에는 이 구절이 '悵望溪亭夕照明'으로 되어 있다.

2 양관곡(陽關曲): 왕유(王維)의 「送元二使安西」라는 작품을 지칭하는 말이다. 이 시가 나온 뒤로 이별하는 사람들이 많이 불렀는데, 끝구절의 "西出陽關"이란 대목에서 세 번 반복하여 부르기 때문에 이렇게 부른다.

공주에서 눈에 보이는대로
公州卽事

낙양의 삼월에 봄을 아쉬워하던 사람,
또 하늘가 멀리 나그네 몸이 되었네.
잎새 속에 해당화는 꽃을 피려하고,
공주 강 밖에는 봄기운이 남아 있네.

洛陽三月惜春人, 還作天涯遠客身.
葉裏海棠花欲發, 公州江外有餘春.

산 속에서 눈에 보이는대로
山中卽事

산가에 일이 없고 속세의 사람도 드문데,
고기 보러 간 동자는 잘 시간에도 돌아오지 않네.
구름도 흩어진 골짜기에서 저녁나절 문을 여니,
추운 날 온 숲의 참새들이 일시에 날아가네.

山家無事俗人稀, 童子觀魚宿未歸.
雲散洞天開晩日, 滿林寒雀一時飛.

사암 박순*을 보내며
送朴思庵 淳

강남으로 흑두공[1]이 금의환향하니,[2]
도문의 모든 수레 떠나 골목이 비었네.
산인이 말 한 필 타고 가는 것만 하랴?[3]
귀로의 모든 산이 눈이 덮여 있을 때에.

江南晝錦黑頭公, 百兩都門里巷空.
何似山人一馬去, 雪邊歸路萬山中.

* 박순(朴淳) : 1523~1589. 조선 중기의 문신 · 학자. 본관은 충주. 자는 화숙(和叔), 호는 사암(思菴). 우윤(右尹) 우(祐)의 아들이며, 목사 상(祥)의 조카이다. 1553년(명종 8) 정시문과에 장원한 뒤 성균관전적 · 홍문관수찬 · 교리 · 의정부사인(舍人) 등을 거쳐, 1561년 홍문관응교로 있을 때 임백령(林百齡)의 시호제정문제에 관련, 윤원형(尹元衡)의 미움을 받고 파면되어 향리인 나주로 돌아왔다. 그 뒤 대사헌 · 대제학 · 이조판서 · 우의정 · 좌의정 등을 두루 거친 다음 1572년(선조 5) 영의정에 올라 약 15년간 재직하였다. 저서로는 『사암집』 7권이 있다.

1 흑두공(黑頭公) : 젊어서 삼공(三公)의 지위에 오르는 것을 이른다.

2 금의환향하니 : 원문의 '晝錦'은 낮에도 비단옷을 입는다는 말로, 입신출세한 것을 가리키는 말인데 금의환향의 뜻으로도 쓰인다. 송나라 때 한기(韓琦)가 자신의 고향인 상주(相州)를 다스릴 때, 주금당(晝錦堂)을 세우고 금의환향의 뜻을 담아 시로 노래했다.

3 이 두 구절의 뜻은 젊어 재상이 되어 거창하게 고향으로 가는 것보다 박순이 산에 머물다 홀로 말을 타고 눈 덮인 첩첩산중을 떠나가는 것이 더 낫다는 뜻이다.

호수가 정자에서 밤에 술을 마심
湖亭夜飮

쓸쓸히 내리는 비바람 강성에 가득하여,
건너 집 푸른 등은 한밤에도 빛나네.
한 강 위로 소리 내며 날아가는 기러기,
초나라 구름 천리에 이별의 마음 일어나네.

蕭蕭風雨滿江城, 隔屋靑燈到夜明.
漢水一聲歸去雁, 楚雲千里別離情.

맘껏 노님
壯遊*

두류와 풍악은 묘향산으로 통하고,
하백과 강신은 해약[1]과 한가지이네.
어찌 문장에 도움이 있으리오마는,
장유하는 오늘 동쪽을 모두 보리라.

頭流楓岳妙香通, 河伯江神海若同.
豈是文章能有助, 壯遊今日盡天東.

* 이 시는 『어우야담』에 소개되어 있다.

1 해약(海若) : 본래 북해(北海)의 신 이름인데, 해신(海神)을 지칭하는 말로도 쓰인다.

『황정경』*을 읽음
讀黃庭經

옥간에 금으로 쓴 두 권의 도가 경전,
어느 글자가 전생을 그르쳐 귀양왔을까?
남북으로 떠돌아다니니 천지는 넓은데,
인간세계에서 한 이름을 지키는 것보다 낫다.

玉簡金書兩卷經, 謫來何字誤前生.
逍遙南北乾坤闊, 猶勝人間守一名.

* 『황정경(黃庭經)』: 도가서의 하나로 신선(神仙)의 장생법(長生法)을 말한 경(經)인데, 칠언시(七言詩)로 되어 있다고 한다.

혜사가 금마현*으로 가는 것을 보내며 두 수
送惠師金馬縣 二首

1

구름 산을 떠날 제 낡은 장삼을 걸치고,
지팡이 하나로 마한을 향해 날 듯이 간다.
구담[1]처럼 또한 신통력이 있어서,
왕사성[2] 가운데에서 밥을 빌어 돌아오네.

拂却雲山舊衲衣, 一筇遙向馬韓飛.
瞿雲也有神通力, 王舍城中乞食歸.

* 금마현(金馬縣) : 지금의 전라북도 익산군을 일대를 가리킴.

1 구담(瞿曇) : 구담은 석가모니의 성인 'gautama'의 음역(音譯)으로 불교 혹은 석가모니를 가리킨다.

2 왕사성(王舍城) : 중인도(中印度) 마갈다국(摩竭陀國)의 수도이다. 여기에 영취산(靈鷲山), 죽림정사(竹林精舍) 등이 있다.

2

미산[3]을 열렬히 좋아하여 고풍이 있는데,
천각에서 버리고 베푸는데 몇 사람이나 같을까?
스님이 행하는 것에는 바로 아람의 도움을 얻을 것이니,
돌아가는 행장 포대가 비도록 보내지 마오.

烈烈眉山有古風, 捨施泉閣幾人同.
師行定得阿藍助, 莫遣歸裝布帒空.

3 미산(眉山) : 송나라의 문인 소식(蘇軾, 1036~1101)을 말한다. 자는 자첨(子瞻). 호는 동파(東坡). 그는 사천성 미산사람이다. 당송 팔대가의 한 사람으로, 구법파(舊法派)의 대표자이며, 서화에도 능하였다. 작품에 「적벽부」, 저서에 『동파전집(東坡全集)』 등이 있다.

비류강*에 배를 띄우고
泛沸流江

즐거운 놀이 석양이 되도록 한가하게 즐기며,
두둥실 배 띄우니 초나라 궁궐에 가깝구나.
강가의 술 한 동이에 한은 그 얼마런가?
늦은 봄 바람 속에 꽃이 진다고 새가 우네.

勝遊閑趁夕陽中, 泛泛蘭舟近楚宮.
江上一樽多少恨, 落花啼鳥暮春風.

* 비류강(泛沸流) : 평안남도 맹산군 영봉(靈峰)과 양덕군 오강산(吳江山)에서 발원하여 평안남도 동부를 거쳐 대동강으로 흘러든다.

흘골성*에 올라
登紇骨城

술동이 마주하고 옛 성의 서쪽에서 술 마시니,
산꽃은 모두 졌는데 부질없이 새만 지저귀네.
피리를 가로 부니 바람 밖으로 멀리 퍼지고,
남쪽에서 애가 끊어질 제 저녁 구름 낮게 드리웠네.

一樽相對古城西, 落盡山花空鳥啼.
橫篴數聲風外逈, 楚天腸斷暮雲低.

* 흘골성(紇骨城) : 동명왕이 북부여에서 도망하여 처음으로 정착한 곳이다. 서형수(徐瀅修)의 문집인 『명고전집(明皐全集)』 권1 「무산십이봉(巫山十二峰)」 가운데 천주봉(天柱峰)을 읊은 시에서 "흘골성은 동명왕의 고도로서 천주봉의 남쪽에 있다[紇骨城, 卽東明故都, 在天柱峰南]."라고 하였다.

종상인의 벽에 쓰다
題宗上人壁

누대와 전각은 영롱하게 높이 하늘로 솟아있고,
불경 읽는 소리가 그치자 하얀 등잔을 걸어 놓네.
상인의 방장은 서쪽 봉우리와 가까이 있는데,
와탑 위로 바람에 날리는 샘이 음악을 연주하네.

樓殿玲瓏遠入天, 梵音初撤玉燈懸.
上人方丈西峰近, 一榻風泉譜外絃.

신계 길가에서 지음
新溪道上作

관하로 떠도는 몸 오늘 또 마음이 아프니,
머리 돌려 서울을 보아도 사람이 보이지 않네.
삼협에서는 비록 운우의 꿈을 이루었지만,
오릉의 그 살구꽃 피는 마을 어찌할 텐가?

關河此日重傷神, 回首長安不見人.
三峽縱成雲雨夢, 五陵其奈杏花村.

송정옥에게 줌
贈宋庭玉

하얀 물과 푸른 산이 겹겹이 둘러친 곳,
조각배에서 뜻밖에 옛 친구를 만났네.
술동이를 마주할 제 하늘에는 달 뜨더니,
피리소리 학 소리가 먼 산에서 들려오네.

白水青山重復重, 扁舟不意故人逢.
瓦樽相對滿天月, 笙鶴一聲來遠峰.

다시 송정옥에게 줌
復贈宋庭玉

뜻밖에 그대를 남쪽 가에서 만나서,
지겨운 줄도 모르고 산을 이야기하였네.
도화원 입구 무릉으로 가는 길에서,
어느 사람이 또 다시 채찍질을 할 것인가?

意外逢君南斗邊, 談山不厭會溪天.
桃花源口武陵路, 更有何人能着鞭.

七言絶句

평양에서 지음
東明作

관서지방에서 가장 뛰어난 평양부는,
누각도 번듯하게 물을 향해 열려 있네.
한 밤에 쓸쓸히 삼협[1]의 비 내리니,
곁의 사람 자꾸 초왕이 왔다고 말하네.[2]

關西第一東明府, 樓閣分明向水開.
半夜蕭蕭三峽雨, 傍人重道楚王來.

1 삼협(三峽) : 중국 양자강에 있는 세 협곡. 원래는 서릉협, 무협, 구당협을 통틀어 하는 말이지만, 여기서는 무협을 가리킨다.

2 이 구절에서 초왕은 춘추 시대 초(楚)나라 회왕(懷王)을 가리킨다. 송옥(宋玉)의 「고당부(高唐賦)」에는 회왕이 고당(高唐)에서 노닐 때 꿈속에서 어느 신녀(神女)를 만나 밤을 보냈는데, 이튿날 아침에 신녀가 떠나가며 자신은 무산의 남쪽 높은 봉우리에 사는데, 아침에는 구름이 되고 저녁에는 비가 되어 양대(陽臺)로 찾아온다고 하는 전설이 전한다. 여기서는 회왕을 자신에게 비겨 노래한 것이다.

五言絶句

풀에는 왕손의 한이 스며 있고,
꽃에는 두견이의 근심이 서려 있네.
강가에는 사람은 보이지 않고,
바람에 목란배만 일렁이고 있네.

- 江洲卽事

태인*의 관청에 있는 못에서 마주앉아 술을 마시며 두 수
泰仁官池對飮 二首

1

그대와 마주앉아 술을 마실 때,
연못의 부용은 빨간 꽃을 피웠지.
뒷날의 기약이 없었던 것은 아니지만,
부용이 지는 것을 그대로 보낼까 두렵네.

對君尊酒時, 芙蓉發紅萼.
非無後日期, 恐遣芙蓉落.

2

유월 관청의 못가에서 술을 마시니,
연꽃 핀 못의 물은 둑에 가득하네.
서늘한 기운 높은 나무에서 일어나니,
지는 해는 누대의 서쪽에 있네.

六月官池飮, 荷花水滿堤.
微凉動高樹, 落日在樓西.

* 태인(泰仁) : 전라도 태인현.

五言絶句

강가에서 눈에 보이는 경치를 읊음*
江洲卽事

풀에는 왕손의 한이 스며 있고,
꽃에는 두견이의 근심이 서려 있네.
강가에는 사람은 보이지 않고,
바람에 목란배만 일렁이고 있네.

草入王孫恨, 花添杜宇愁.
汀洲人不見, 風動木蘭舟.

* 이 시는 『지봉유설』 『학산초담』 『제호시화』 등에 소개되어 있다.

용문산 호적사에서 지음
題龍門山虎跡寺

지팡이를 짚고서 호적사를 찾으러,
피리를 불면서 용문산을 지난다.
비바람을 깊이깊이 간직한 곳이라,
천둥과 번개가 대낮에도 들려오네.

扶笻尋虎跡, 橫笛過龍門.
風雨深藏地, 雷霆白日聞.

용인의 여관에 묵으면서 두 수
宿龍仁旅舍 二首

1

비 때문에 묵어가는 용인의 밤은,
주막의 깃발조차 적막에 휩싸였네.
나그네 이러한 것 도리어 맛이 있다고,
베개 베고 쓸쓸한 바람소리 듣는다.

滯雨駒城夜, 旗亭掩寂寥.
旅窓還有味, 欹枕聽蕭蕭.

2

들에는 외로운 구름 점점 멀어져가고,
하늘에는 지는 해가 점점 가라앉는다.
몇 년간 강으로 바다로 떠돌았던가?
오늘은 평소보다 곱절이나 처량하도다.

野與孤雲遠, 天隨落日低.
數年湖海路, 今日重淒淒.

취하여 어사 이치요에게 주다
醉贈李御史致堯

어사는 술을 마시지 못하니,
야인이 어찌 시를 쓰겠는가?
가을 달은 정이 유독 많아서,
한 밤에 앞 섬돌로 들어오네.

御史不飮酒, 野人焉用詩.
多情仲秋月, 良夜入前墀.

補遺

가을 한 달 여름 석 달에 네 번의 상사가 이어지니,
이쯤해서는 어찌 하늘을 원망하지 않을 수 있으랴?
조물주의 주장은 능히 선과 함께 한다고 하지만,
왕손의 집안은 대대로 본래 허물이 없었다네.
마음이 아파 방장산도 오히려 꺾어질 만하고,
쓸 만한 재주를 생각하니 더욱 가련하도다.
적막하게도 남은 아이들은 모두 여자애들이니,
다만 슬퍼하며 눈물을 황천에 뿌릴 뿐이로다.

- 哭李子由

다른 사람에게 줌
與人

세속에서 사용하는 편지글의 말을 써서 시를 지었다. 그가 말을 하면 곧 문장을 이루는 것이 이와 같다.

用俗間書辭爲詩 其發言成章如此[1]

삼가 글로 문안 받드니 이루 말할 수 없이 위로되고,
이 몸 보중함은 하념 거듭하심 아님이 없습니다.
세류 늘어진 영중에서 처음 얼굴을 보았을 때에,
생양관 안에서는 등잔불 심지를 거듭 돋우었지요.
쓸쓸히 구름 낀 해질녘에 함께 마주했던 것 회억하면,
말술과 장편의 시반으로는 어찌할 수 없었지요.
모든 게 편안하시기를 누누이 가슴에 품노니,
높으신 그대만을 생각하옵는 정지승 올립니다.

謹承書問慰難勝, 保拙無非下念仍.
細柳營中初識面, 生陽館裏更挑燈.
孤雲落日同相憶, 斗酒長篇獨不能.
餘祝萬安懷縷縷, 伏惟尊照鄭之升.

1 이 내용은 『어우야담』(이월영 역본, 103쪽)에 나온다.

이자유의 죽음을 슬퍼함
哭李子由

가을 한 달 여름 석 달에 네 번의 상사가 이어지니,
이쯤해서는 어찌 하늘을 원망하지 않을 수 있으랴?
조물주의 주장은 능히 선과 함께 한다고 하지만,
왕손의 집안은 대대로 본래 허물이 없었다네.
마음이 아파 방장산도 오히려 꺾어질 만하고,
쓸 만한 재주를 생각하니 더욱 가련하도다.
적막하게도 남은 아이들은 모두 여자애들이니,
다만 슬퍼하며 눈물을 황천에 뿌릴 뿐이로다.

一秋三夏四喪連, 到此寧論不怨天.
造物主張能與善, 王孫家世本無愆.
傷心方丈猶堪折, 有用才華更可憐.
寂寞提孩惟女子, 直將哀淚灑重泉.

정작에 대한 만사
挽鄭爝

북풍에 강은 일렁이고 눈 내리는 저녁에,
발과 깃발 펄럭이는데 중문은 닫아걸었네.
사는 동안 즐겁고 기쁜 일 적음을 깨닫고,
병이 들어서야 세월이 빠름을 알았도다.
무슨 뜻인가? 열흘 동안 소식이 뜸하더니,
오늘 죽고 사는 것이 나누어지도록 했네.
나이만 같다고 어찌 좋은 친구라 하랴?
인척간의 친함이 있으니 뜻이 더욱 도탑네.

朔吹翻江凍雪昏, 簾旌淅瀝掩重門.
羈棲但覺歡娛少, 衰病偏知歲月奔.
何意隔旬消息阻, 却敎今日死生分.
論交豈但同庚好, 自是姻親意更敦.

신륵사에서 이익지에게 부침
神勒寺寄李益之

신륵사[1]의 동쪽 누대에서 실컷 들었는데,
내가 오자 짓궂은 비가 비로소 걷혔네.
혜근[2]의 옛 자취는 유리 발에 남았고,
목은[3]이 남긴 소리 비단 무늬에 전하네.
산은 석양을 띠고 포구에 당해 있는데,
돛은 나는 새를 따라 고운에 떨어진다.
함께 시를 지으며 이야기할 빌미가 없지만,
뜻밖에 그대 생각이 이미 가득하다네.

神勒東臺愜素聞, 我來淫雨卷重昏.
惠勤古跡玻璃鉢, 牧老遺音錦繡文.
山帶夕陽當極浦, 帆隨飛鳥落孤雲.
無由共就推敲話, 意外思君已十分.

1 신륵사(神勒寺) : 경기도 여주군 남한강가에 있는 절의 이름이다.

2 혜근(惠勤) : 고려 말의 고승 나옹(懶翁)의 불명. 그는 양주 회암사(檜巖寺) 주지로 있었다. 왕명을 받고 밀양으로 가다가 신륵사에서 죽었다. 목은 이색이 그의 부도에 명문과 비문을 지었다.

3 목은(牧隱) : 고려 후기의 문신 이색(李穡, 1328~1396)의 호. 자는 영숙(穎叔). 중국 원나라에 가서 과거에 급제하고, 귀국하여 우대언(右代言)과 대사성 따위를 지냈다. 삼은(三隱)의 한 사람으로, 문하에 권근과 변계량 등을 배출하여 학문에 큰 발자취를 남겼다. 조선 개국 후 태조가 여러 번 불렀으나 절개를 지키고 나가지 않았다. 저서에 『목은시고(牧隱詩藁)』, 『목은문고(牧隱文藁)』 등이 있다.

자순의 시에 차운하여 중의 시축에 지음 僧軸次子順韻

방장산은 구름을 뚫고 취미에 들어갔는데,
도인은 몸에 벽라옷[1]만을 걸치고 있도다.
구슬 제단에서 조용히 마주하니 꽃이 지고,
오리 향로 가만히 보니 가느다란 전서가 날아간다.
용이 그려진 발에는 영물이 없지도 않을 것이고,
사슴의 수레는 오히려 네 문으로 돌아가려 생각하네.
이때까지 부처님의 묘한 선법을 땅에 말하기 어려워,
평생 동안 일찍부터 하려는 마음을 그치려 하였네.

方丈穿雲入翠微, 道人身上薜蘿衣.
瑤壇靜對空花落, 玉鴨睛看細篆飛.
龍鉢未應無物伏, 鹿車猶想四門歸.
由來妙法難言地, 擬向平[2]生早息機.

1 벽라옷 : 은자들이 입는 옷을 말한다.
2 『백호집』 권3에는 浮가 平으로 되어 있다.

부록 : 중의 시축에 씀[3]

附 題僧軸

임제林悌

쇠잔한 몸 곡기 끊어 기력이 미약하매,
들보 위의 제비 가사 더럽히도록 그냥 두네.
매화 열매 씨가 길쭉 꿈이 갓 들었거늘,
버들솜은 흙에 붙어 날려고 않는다지.
법法을 굴리면 미치 코끼리 엎드리는 걸 보리니,[4]
집에 갈 때 방우放牛를 잡아 타고 돌아가겠네.[5]
도화桃花나 격죽擊竹 따윈 말하여 무엇하리,[6]
계족산鷄足山 맑은 바람 바로 이 상기上機라오.[7]

殘衲休粮氣力微, 任教樑燕汚禪衣.
梅元長核初回夢, 絮已粘泥不肯飛.
轉法待□狂象伏, 還家騎得放牛歸.
桃花擊竹何須說, 鷄足淸風是上機.

(林悌, 『白湖集』 권3)

3 이 시의 번역과 주석은 『역주 백호전집』 상·하(신호열·임형택 역주, 창작과 비평사, 1997)의 것을 인용함.

4 전법(轉法)·광상복(狂象伏) : 전법은 법을 자유자재로 할 수 있는 득도의 높은 경지, 광상복은 데바닷타라는 자가 부처를 해치려고 사나운 코끼리를 풀어놓았으나 그 코기리가 부처 앞에 이르러선 공손히 엎드렸다 한다.

5 환가(還家)·방우(放牛) : 환가는 진리나 본분을 찾아간다는 의미의 비유적 표현이며, 방우는 불가에서 마음이 방종해진 것을 비유하는 말.

6 도화(桃花)·격죽(擊竹) : 도화는 인사는 무상한 데 반해서 자연의 아름다움이 오히려 그대로임을 뜻하는 듯하며(本事詩: "去年今日此門中, 人面桃花相映紅. 人面不知何處去, 桃花依舊知東風."), 격죽은 두 조각의 대를 마주쳐 박자를 맞추는 것.

7 계족(鷄足)·상기(上機) : 계족은 가섭존자(迦葉尊者)가 입적(入寂)한 산 이름인데 존자가 석가여래의 금란가사(金襴袈裟)를 가지고서 미륵불이 세상에 나오기를 기다려 전해주었다 한다. 상기는 최고의 묘리라는 뜻.

백련사*에서 두 수
白蓮社 二首

1

꾸불꾸불 초서는 붉은 벽에 남았고,
차 연기는 하얀 사립문 밖으로 흩어지네.
어지러이 돛단배는 비를 맞으며 지나가고,
새 한 마리 사람을 등지고 날아가네.

醉墨留丹壁, 茶烟散白扉.
亂帆和雨過, 一鳥背人能.[1]

* 백련사(白蓮社) : 전라남도 강진에 있는 절.

1 원문에는 '능'으로 되어 있으나, '비'자를 잘못 쓴 것이 아닌가 한다. 여기에서는 비의 뜻으로 해석하였다.

2

숲 사이로 평원이 멀리 보이고,
누대가 높아지고 해는 더디다.
옛날부터 송나라 시인 황노직[2]은,
감히 새로운 시를 아끼지 않았다네.

林缺平原逈, 樓高落日遲.
從來黃魯直, 不敢愛新詩.

2 황노직(黃魯直) : 송나라 때의 시인 황정견(黃庭堅, 1045~1105)을 말한다. 노직은 그의 자이다. 호는 산곡(山谷). 기이하고 파격적인 시를 써 송시(宋詩)에 새로운 바람을 일으켰다. 강서 시파의 원조이며, 서예가로서 뛰어나 송대 사대가의 한 사람으로 꼽힌다. 시집으로 『산곡시내외집(山谷詩內外集)』이 있다.

신암사*에서 각조에게 줌 두 수
神巖寺贈覺照 二首

1

말쑥한 모습의 신암사에서,
만난 뒤에 얼굴이 풀어졌네.
마음은 우주 밖까지 품었는데,
종적은 운수 간에 있도다.

瀟灑神巖寺, 相逢一解顔.
心懷宇宙外, 蹤跡水雲間.

* 신암사(神巖寺) : 황해도 구월산(九月山)과 경기도 적성현(積城縣)의 감악산(紺岳山)에 있던 절인데, 여기에서는 아마도 황해도 구월산에 있던 절을 말하는 듯하다.

2

지는 해에 수많은 봉우리 멀기만 한데,
맑은 바람이 불어오는 평상은 한가하다.
어느 해에 곧바로 집을 새로이 지어서,
송라에 뜬 달을 그대와 함께 볼 것인가?

落日千峰遠, 淸風一榻閑.
何年便卜築, 蘿月共君看.

송양의 객사에서 김생의 친동생에게 보이다 두 수
松壤客舍示金生舍弟 二首

1

밝은 달이 동쪽 고갯마루에 떠오니,
하늘 중간에 솟은 옥루에 가득 찼네.
발과 창에는 차가운 그림자 조용하고,
강가에는 옅은 안개가 떠 있네.

皓月出東嶺, 中霄滿玉樓.
簾櫳寒影靜, 江渚淡烟浮.

2

이슬 맺힌 잎새는 울긋불긋 물들었고,
파도소리 들려오는 원근의 경치는 가을이네.
나그네 길 바야흐로 멀기만 하여,
이것을 대하니 더욱 수심이 일어난다.

露葉參差色, 波聲遠近秋.
關河正迢遞, 對此益添愁.

송양에서 금루관* 이신경에게 보냄
松壤送禁漏官李信卿

오늘 아침 아무 까닭없이 이별을 하게 되니,
아득히 어쩔 줄 모르고 서로 혼이 빠진 듯.
그대는 관서의 꿈을 꾸기 어려운 줄 아는데,
옥루가 똑똑 소리를 내는 밤 숙직을 하네.

離別無端在此朝, 黯然其奈各魂消.
知君難作關西夢, 玉漏丁東禁直宵.

* 금루관(禁漏官) : 조선 시대 관상감(觀象監)의 한 벼슬. 궁중에서 시각을 알리기 위하여 설치한 누각(樓閣)의 일을 맡아 보았다.

회양*의 성수익*에게 올림
上成淮陽壽益

교주에 있는 관사를 해가 저물어 들어가니,
그 누가 눈과 서리 덮인 속에서 높게 읊조리나?
어찌하면 당시의 급장유[1]와 비슷할 것인가?
십년 동안 자주 병들어 회양에 누워 있으니.

交州官舍入窮蒼, 誰遣高吟帶雪霜.
何似當時汲長孺, 十年多病臥淮陽.

* 회양(淮陽) : 강원도에 있던 고을 이름. 강원도 회양군과 함경남도 고산군(高山郡) 사이에 철령(鐵嶺)이 있다.

* 성수익(成壽益) : 1528~1598. 조선 중기의 문신. 본관은 창녕(昌寧). 자는 덕구(德久), 호는 칠봉(七峯). 장흥고령(長興庫令) 예원(禮元)의 아들이다. 1552년(명종 7)에 생원이 되고 경릉참봉(敬陵參奉) · 돈령부봉사를 역임하였다. 1559년 정시문과에 을과로 급제하여 승문원권지(承文院權知)에 부임되었다가 저작(著作)으로 옮겼으며, 그 뒤 예문관검열 · 대교 · 검열 · 성균관전적 · 형조정랑 · 감찰 · 강원도도사 · 형조정랑 겸 춘추관기사관 · 호조정랑 등을 역임하였다.

1 급장유(汲長孺) : 한나라 때의 회양태수를 지낸 급암(汲黯). 장유는 그의 자이다. 성품이 호협하고 기절(氣節)은 숭상하여 바른 말을 잘했다 한다.

설학* 형에게 줌 두 수
贈雪壑兄 二首

1

형강의 물이 회계로 흘러 들어오니,
쌍 잉어가 전해주는 편지 언제나 볼 수 있을까?
하늘이 형과 동생 오늘 저녁 만나도록 했으니,
비바람 속에 등불 하나 켜고 실컷 마셨으면.

荊江之水會溪來, 雙鯉魚書幾日開.
天與弟兄今夕會, 一燈風雨好含杯.

* 설학(雪壑) : 조선 중기의 의병장 이대기(李大期 : 1551~1628)의 호. 그의 자는 임중(任重)이고, 호는 설학(雪壑)이며. 본관은 전의(全義)이다. 임진왜란 때 고향에서 의병을 모집하여 창의장(倡義將) 정인홍(鄭仁弘) 휘하에서 공을 세워 장원서별제(掌苑署別提)가 되었고, 그 후 1599년(선조 32) 형조정랑, 이듬해 영덕현령, 1608년 청풍군수 · 함양군수 등을 지냈다. 저서로 『백령지(白翎志)』 · 『설학소문(雪壑謏聞)』이 있다.

2

시 가운데 노장이요 술 마심에 신선같은 이,
형강에 높이 누운 지 삼십 년이 지났다네.
내 홍취는 바라보는 것조차 따르지 못하니,
조각구름과 나는 새가 높은 하늘로 들어가네.

詩中老將飮中仙, 高臥荊江三十年.
幽興不隨臨眺盡, 片雲飛鳥入長天.

강인경*의 초당에 지음
題姜仁卿草堂

성곽과 강산은 형세가 서로 같지 않지만,
하늘이 잘 빚어놓은 곳 역시 아름답도다.
교외의 서쪽은 특별히 인경을 위한 곳이니,
바람을 따라 돌아가는 배를 누워서 바라본다.

城郭江山勢不同, 天於勝處亦云工.
郊西特爲仁卿地, 臥看歸帆逐晚風.

* 강인경(姜仁卿) : 조선 중기의 문신 강인(姜絪 : 1555~1634)을 말함. 그의 자가 인경이다. 본관은 진주. 호는 시암(是庵). 아버지는 우의정 사상(士尙)이다. 천거되어 왕자사부에 제수되었고, 여러 고을의 수령을 지낸 뒤 1594년(선조 27)에 공조좌랑이 되었다. 1592년 임진왜란 때 왕을 호종한 공으로 1604년 호성공신(扈聖功臣) 3등에 녹훈되고, 진창군(晉昌君)에 봉해졌다. 이듬해 홍주목사가 되고 1610년(광해군 2) 상주목사를 역임했다. 1632년 한성부좌윤, 1634년 한성부우윤을 역임하였다.

사군 황혁*을 보내며
送黃使君爀

나라 선비 가운데 황회지만한 이가 없으니,
강해에 사신으로 다님이 밝은 때에 어떠한가?
매화 핀 동각에서는 좋은 홍이 일어나니,
사조[1]가 청산을 즐기듯 하손[2]이 시를 짓듯.

國土[3]無雙黃晦之, 一麾江海奈明時.
梅花東閣動佳興, 謝眺青山何遜詩.

* 황혁(黃爀) : 황혁(黃赫, 1551~1612)이라야 맞다. 조선 중기의 문신. 본관 장수(長水). 자 회지(晦之). 호 독석(獨石). 임진왜란 당시 왜군에게 인질로 잡혀 적장 가토 기요마사로부터 선조에게 항복권유문을 올리라는 강요에 못이겨 부친을 대신하여 썼다. 이 일로 탄핵되어 유배되었으며 이이첨을 풍자시로 빗대어 공격한 일로 미움을 받아 무고로 옥사하였다. 인조반정(仁祖反正)으로 복관되었다.

1 사조(謝眺) : 남제(南齊)의 사람. 자는 현휘(玄暉). 선성(宣城) 태수를 지냈고, 글이 맑고 화려하며 시에 능했다.

2 하손(何遜) : 양(梁)나라 때의 대표적인 문장가. 특히 시와 부에 뛰어났으며, 상서수조랑(尙書水曹郎)을 지냈으므로, 하수조라고 불렸다.

3 土는 士의 잘못으로 보인다.

빗속에 자순을 방문하였으나 만나지 못함
雨中訪子順不遇

스물네 번째 다리에 봄비가 내릴 적에,
누구 집 못가의 방에서 술잔을 띄울 것인가?
나그네가 와서 아이에게 말을 빌어서,
묻노라니 그대는 시를 몇 편이나 지었나?

二十四橋春雨時, 誰家池舘泛金巵.
客來借與兒童語, 爲問郎君有幾詩.

친동생에게 부침
寄舍弟

시월 달 홍양에서 아우가 돌아갈 제 묻기를,
시골집의 풍미는 바야흐로 아름답겠지?
결성의 막걸리에 농어회를 곁들여 먹는 일,
마음만 그런 것이 아니고 꿈속에도 보이네.

十月洪陽問弟廻, 村家風味正佳哉.
結城綠酒生鮑膾, 不獨心思夢亦來.

서중을 보내며
送舒仲

버드나무에 내 낀 신륵사 머리에는,
아름다운 배 한 척 흘러 내려오네.
이별한 뒤에는 한가한 꿈꾸지도 못할 것이니,
때는 푸른 봄이지만 마음은 이미 가을과 같네.

楊柳和烟甓寺頭, 蘭橈佳棹下中流.
弟兄別後無閑夢, 時在青春意已秋.

엄상인에게 줌
贈嚴上人

반가운 스님이 밝은 달 뜨자 돌아오니,
녹문교[1] 가에는 웃음꽃이 피었네.
세상의 어느 것에 사로잡힐 것인가?
맛있는 선심마저도 또 식은 재 같은데.

青眼山人太白廻, 鹿門橋畔笑談開.
世間何物能爲累, 一味禪心又似灰.

1 녹문교(鹿門橋) : 옛날 중국 북경(北京) 근처에 있던 다리. 여기서는 서울 가까이에 있는 다리를 말한 것으로 보인다.

숙부께 받들어 보냄
奉送叔父

산가에서는 힘이 없어 만류하지 못한 채,
우리 숙부 떠나가심에 내 마음 아득하도다.
오늘 밤 밝은 달 뜨면 어느 곳에서 잘까?
바위 봉우리 산 아래에 큰 강이 흐르는 곳.

山家無力不能留, 我叔之行我意悠.
今夜月明何處宿, 石峰山下大江流.

덕천*에서 길을 가다가 중에게 줌*
德川道中贈僧

그대는 서쪽에서 오고 나도 또한 서쪽으로 가는데,
봄바람에 지팡이 하나 길은 오르락내리락 하네.
어느 날 밝은 달 아래 절에서 이리저리 거닐며,
함께 동쪽 숲에서 두견이 우는 소리 들을 것인가?

爾自西來我亦西, 春風一杖路高低.
何年明月逍遙寺, 共聽東林杜宇啼.

* 덕천(德川) : 경남 산청군 덕산면을 달리 이르는 말.
* 이 시는 『어우야담』과 『학산초담』에 소개되어 있다.

제목을 잃음
失題*

열 집쯤 되는 인동현이요,
천 봉우리의 지리산이로다.

十室仁同縣,
千峰智異山.[1]

* 이 시는 행록에 출전이 밝혀지지 않은 채 다음의 내용과 함께 수록되어 있다. "공이 일찍이 영남에 노닐었을 적에 다만 다음의 한 연만을 지었다. …다시 한 구절을 붙이려고 하였으나, 얻지를 못하고 돌아왔다[公嘗遊嶺南, 只成一篇曰, '十室仁同縣, 千峯智異山.' 更着一句, 不得而還]." 그러나 본래의 출전은 『芝峯類說』 卷13 「文章部」 6 「東詩」이다. "鄭之升遊嶺南, 只成一聯曰, '十室仁同縣, 千峯智異山.' 更着一句, 不得而還."

1 원문에는 '지이산(知異山)'으로 되어 있어 바로 잡았다.

追補

절간은 외져 머무는 중 드물고,
하늘도 높이 장실丈室과 나란해라.
저 아래 평원을 강물이 가르고,
첩첩한 봉우리 가을이 늙어가네.
나그네 잠자리 꿈에 갓 돌아오니,
찬 물은 멀리 계곡을 떠나가누나.
이번 가면 만나기 우연찮거니,
어느 곳에 암서巖棲를 찾을 건고.

-次[天遊子鄭之升]

追補*

차운하여
次[天遊子鄭之升]*

절간은 외져 머무는 중 드물고,
하늘도 높이 장실丈室[1]과 나란해라.
저 아래 평원을 강물이 가르고,
첩첩한 봉우리 가을이 늙어가네.
나그네 잠자리 꿈에 갓 돌아오니,
찬 물은 멀리 계곡을 떠나가누나.
이번 가면 만나기 우연찮거니,
어느 곳에 암서巖棲를 찾을 건고.

寺僻居僧少, 天高丈室齊.
江分平楚外, 秋老亂峯西.
客榻初廻夢, 寒流遠送溪.
玆行知不偶, 何處覓巖棲.

* 이 내용은 역자가 찾아내어 추가로 보충한 것이다.

* 이 시는 임백호의 『林白湖集』 卷1에 있는 「入中興洞」이란 시에 부록으로 붙어 있는 것인데, 『임백호집』에는 제목을 「차천유자정지승」이라 하였다. 이 뜻은 정지승의 이 시를 차운하여 지은 것임을 나타낸 것이라 하겠으나, 지금의 『총계자집』에는 이 작품이 실려 있지 않다.

1 장실(丈室) : 사방 1장(丈)의 방. (白居易 詩 "丈室可容身")

부록 : 중흥동으로 들어가며

附「入中興洞」

임제林悌

마음이 고요하니 지경 함께 고요하고,
바위는 아슬아슬 하늘과 맞닿았네.
높은 봉우리 저 너머 구름 비끼고,
한가람 서쪽에 해는 지누나.
온 골짝 잎새 나무에서 떨어지고,
막대 짚은 한 사람 시내 건너네.
바위 사이로 요초 자라고 있으니,
예가 바로 원공[2]의 집 아닐런가.

心靜境俱寂, 石危天與齊.
雲橫高岫外, 日落大江西.
萬壑葉辭樹, 一笻人渡溪.
巖間長瑤草, 莫是遠公棲.

(林悌, 『林白湖集』 卷1)

2 원공(遠公) : 진(晉)나라 고승(高僧) 혜원(惠遠)이 여산(廬山) 동림사(東林寺)에 있었는데 세상 사람이 원공(遠公)이라 칭하였다. 맹호연(孟浩然)의 시(詩)에 "일찍이 원공의 전을 읽으니, 길이 속세의 자취를 그리워했다[嘗讀遠公傳, 永懷塵世蹤]."라는 구절이 있다.

附錄

공의 뜻은 자연에 있어서, 시끄럽고 먼지가 날리는 곳을 싫어하였다. 그래서 서책을 싣고 용담으로 들어가 만산 가운데 집을 짓고 총계당이라고 하였다. 거문고를 타고 책을 읽으며 그곳에서 세월을 보내며 날마다 그 속마음을 시로 읊었다. 그 시는 구름을 타고 하늘을 나는 듯 속세를 떠난 것 같은 생각이 있었다.

-遺事

총계당 정공 묘표
叢桂堂 鄭公 墓表*

공은 정씨鄭氏니 휘는 지승之升이오, 호는 총계당叢桂堂[1]으로 북창北窓[2], 고옥古玉[3] 두 선생의 조카가 된다. 두 선생은 세상에 다시 없이 청한하여 곤궁을 견뎌낸 분이거니와, 북창은 더욱 그 통랑한 조예와 웅성깊은 깨달음으로 하늘과 속세를 넘나듦으로 지금껏 일컬어지고 있다. 이를테면 그가 지니고 있는 참(진)은 원대한지라 대개 바라보면 구름과도 같은데, 공(지승)은 포의로 일찍이 만산 중에 살아서 더욱 자취를 감추었다. 다만 그의 시 한두 수가 마치 신선 학의 깃털인 양 인간 세상에 나부껴 떨어지니, 「상춘傷春」이라는 시에

봄풀엔 왕손의 한이 스몄고,	草入王孫恨,
두견이 시름 꽃에 더했네.	花添杜宇愁.
물가엔 사람 보이지 않고,	汀洲人不見,
바람결에 목란배민 흔들리누나.	風動木蘭舟.

* 이 글은 정인보 선생의 『담원문록』 권7에 수록된 것으로, 번역문은 정양완 교수가 번역한 것(정양완 옮김, 『薝園文錄』 下, 태학사, 2006)을 수록하였다.

1 叢桂堂 : 鄭之升(1550~1589.8.27). 본관 溫陽.

2 北窓 : 鄭𥖝(1506~1549). 字 士潔. 본관 溫陽. 順鵬의 아들. 音律, 天文, 醫術에 造詣가 깊었음. 儒, 佛, 道, 卜術, 漢語에도 능통. 山水畵에도 능통. 저서로 『北窓集』, 『東垣珍珠囊』, 『劉氏脈訣』, 『北窓秘訣』 등이 있음.

3 古玉 : 鄭碏(1533~1603). 字 君敬. 號 古玉. 본관 溫陽. 𥖝의 아우. 詩名이 높고 草書와 隸書를 잘 썼고 의학에도 조예가 깊어 1596년 『東醫寶鑑』 편찬에도 참가함.

하였고, 「중의 시권에 제하다題僧詩卷」이라는 데에

그대는 서녘에서 오고 나 또한 서녘에서　　爾自西來我亦西,
봄바람에 지팡이 하나로 산 넘고 골을 지나니,　　春風一杖路高低.
그 어느 해 달 밝은 逍遙寺[4]에서,　　何年明月逍遙寺,
동림의 두견이 우는 걸 함께 들을꼬.　　共聽東林杜宇啼.

라 하였다. 또 「아무 고을을 떠나며發某縣」라는 시는 다음과 같다.

가는 풀 한가로운 꽃 핀 물가 정자에,　　細草閑花水上亭,
푸른 버들 그림같이 봄 성을 덮었어라.　　綠楊如畵掩春城.
날 위해 送別曲 불러 줄 이 없는데,　　無人解唱陽關曲,
靑山만이 가는 나를 배웅하누나.　　惟有靑山送我行.

등이 『지봉유설芝峯類說』[5], 양씨梁氏(양경우梁慶遇[6])의 『제호집霽湖集』[7], 『청구시화靑丘詩話』[8] 및 청인淸人 왕사정王士禎[9]의 『지북우담池北偶談』[10] 등 여기저기에 흩어져 있었는데, 이들을 모아 『북창집北窓集』에 덧붙

4 逍遙寺 : 경기도 楊州郡 소야산에도 있고, 全北 高敞郡 富安面 逍遙山에도 있음. 大本山 白羊寺의 末寺.

5 『芝峯類說』 : 조선 중기 李睟光의 백과사전적 저서. 아들 聖求와 敏求가 1634년(인조 12)에 간행하였음. 책머리에 金玄成의 서문, 이수광의 自序가 있고, 책 끝에 李植의 跋文이 있음.

6 梁慶遇 : 1568~?. 字 子漸. 號 霽湖.

7 『霽湖集』 : 梁慶遇의 시문집. 10권 4책. 木活字本. 1647년 자손 熹가 편집 출간. 金尙憲, 김류의 서문이 있음.

8 『靑丘詩話』 : 원제 『靑丘詩話拾遺稿』. 서미의 시화집. 1권. 1826년 필사본.

9 王士禎 : 本名 王士禛. 靑. 士祜의 아우. 자 貽上. 號 阮亭. 別號 漁洋山. 古文을 잘 하고 詞에도 솜씨 있었음. 저서로는 『帶經堂集』, 『漁陽詩文集』, 『精華錄』 등이 있음.

10 『池北偶談』 : 청나라 초 시인 王士禎의 수필집.

여 놓았다. 평소에 임백호林白湖[11], 이오봉李五峰[12]과 좋아했고, 백호가는 자기가 미칠 수 없다 하였다.

공이 태어난 것은 명종明宗 경술년(1550)이었고 마흔에 선조宣祖 기축년(1589) 8월 스무이레에 돌아가니, 올 을유(1945)로부터 거슬러 올라가자면 이미 357년이다. 처음 공의 선대가 온양溫陽에서 서울로 옮겨왔으니, 아버지 십죽헌十竹軒 담礚이 안동安東 권씨權氏 첨지僉知 찬瓚의 따님에게 장가들었는데 먼저 돌아갔으며, 능성綾城 구씨具氏 현감縣監 순淳의 따님에게 다시 장가들어 아들 셋을 낳았다. 공은 그 가운데이고 그 숙부 부사府使 현礥의 양자가 되니, 어머니는 모향某鄕 모씨某氏 모某의 따님이다. 공 역시 아들이 셋이고 딸 또한 같이 셋인데, 좌랑佐郞인 회晦와 찰방察訪인 시時를 고령高靈 신씨申氏 첨정僉正 여량汝樑의 따님에게서 낳고, 진사進士 민旼과 진사 안일민安逸民, 주부主簿 임득춘林得春, 찰방 유천근柳天根에게 시집간 딸은 진주晉州 소씨蘇氏 진사 종선宗善의 따님에게서 낳았다. 공이 뒤에 손자의 벼슬로 좌승지左承旨에 증직되고, 두 분이게도 숙부인淑夫人이 증봉贈封되있다. 사손이 갈라졌으나, 사는 곳마다 명족이 되었다.

인보寅普가 요즈음 양주楊州에 붙여 사는데, 듣자니 공의 무덤이 이 고을 사정동砂井洞에 있어 외손이 돌본다 하기에 한 번 가서 성묘하려고 하였다. 여산礪山 황화촌皇華村에서 정군鄭君 낙훈樂勳을 만나니,

11 林白湖 : 林悌(1549~1634). 조선 중기의 시인. 字 子順. 號 楓江, 嘯癡 등도 있음. 본관 羅州. 저서 『花史』, 『愁城誌』, 『白湖集』, 『浮碧樓觴詠錄』.

12 李五峰 : 李好閔(1553~1634)의 號. 字 孝彦. 號 南廓. 본관 延安. 저서 『五峰集』.

"공의 무듬이 아직 묘표가 없으니 후손의 부끄러움이라, 내가 돌은 마련할 테니 글은 그대에게 부탁하오."

하는 바람에 인보寅普는 감히 사양할 수 없었다. 대개 공을 전하는 것은 시뿐인데 공 당시에 우계牛溪 성문간공成文簡公(혼渾)이 공의 시를 보고 그 시집에 발跋을 단 가운데

鄭子眞(谷口)은 거문고 타고 글 읽으며 족히 外物에 구할 것이 없었으니, 그래서 그 뜻은 豪邁하고 俊逸하였으며, 그 詩가 맑고도 씩씩하였다. 공이 外物에 구할 것이 없다고 한다면 그의 造詣가 深遠하다 하겠으나, 진실로 시로써 그 사람을 품평할 수는 없다.

鄭子眞, 彈琴讀書, 足以無求於外, 是以 其志豪而逸, 其詩淸而壯. 夫以公爲足以 無求於外, 則其自造遠, 詩固不可以目其人.

라 하였다. 또한 우계연보牛溪年譜를 보건대 우계가 언젠가 공을 다음과 같이 논했다.

학술의 精微함과 역량의 雄偉를 고인에게서 찾는다면, 대개 諸葛孔明, 王景略[13]과 어깨를 겨룰 만한 인물이라. 하늘이 그에게 壽를 빌렸던들 그 성취를 어림이나 잡을 수 있었겠는가?

其學術之精微, 力量之雄偉, 求之古人, 蓋諸葛孔明, 王景略之流亞也. 天若假年, 其成就, 豈可量哉?

13 王景略 : 前秦 猛의 자. 젊어서 가난하나 박학하고 兵書를 좋아하고 점잖고 너그러웠으며 華山에 숨어 살았음. 뒤에 符堅의 丞相이 되었음. 죽을 때, 晉을 공략치 말라고 堅에게 일렀으나 말을 안 들어 淝水에서 패하게 되었음.

이를 통해 말하자면 공은 한갓 순박純朴한 덕행德行에 량심良心을 조촐케 할 뿐만 아니라, 그 재주가 가히 세상을 다스릴 만하였건만도, 죽기까지 자취를 감추고 소문을 죽여 마치 남이 혹 알세라 두려워하였으니, 슬프도다. 세상에 전하는 북창의 일은 기이한 일이 많거니와, 또한 말하기를 공은 산에 살면서도 거북을 타고 다녔다 하고, 거북 있는 곳에는 늘 구름 기운이 있었다고 하니, 혹 죽을 때를 지나 신선처럼 날아오르는 선술仙術이 있는가 의심해서이다. 이는 다만 그 자취가 세상과 멀어 차츰 기이하게 전하여서 그러한 것뿐이다. 그가 살던 용담龍潭[14]의 주자천朱子川에는 제천대祭天臺가 있으니, 촌사람이 전하기는 공이 마련하여 별에 제사 지내던 곳이라 한다. 아마도 이 땅에서 옛날 원화原花[15]인 난랑鸞郞, 영랑永郞, 술랑述郞의 내림을 공이 실로 제대로 전하고 있는 것이리라. 깊은 벼랑 외진 골짜기에 홀로 경건하게 상제上帝를 뵈옵고, 풍류를 잘하고 산수를 좋아함 역시 그 끼침이라. 선민先民의 꽃다운 향기가 깊고 넓건만도, 이 당의 자연환경과 습관은 이어받기를 멀리하니, 대개 뒤의 고루함을 한 번 말끔히 씻고, 옛 사취를 날카로운 눈빛으로 쏘아보고 싶었으리라. 넓은 회포가 예사롭지 않은데다가 재주가 또한 따랐으니, 아무리 불우하여 감아 두었다 해도 번쩍이는 광망光芒이 어쩌다 튀기면, 통달한 지식인의 위대하게 여기는 바 되었을 것이다. 그렇지 않고서야 어찌 역량이니, 또는 공명孔明이니 경략景略이니를 들먹였겠는가?

임백호林白湖는 평생 두고 명산을 방랑하였건만, 죽을 때 이 산천

14 龍潭 : 全北 鎭安郡에 있음.

15 原花 : 源花. 신라시대 花郞의 전신. 원시공동체의 청소년 교육단체가 진흥왕 37년(576) 새롭게 확대 개편된 것이 原花이다.

천지가 늘 남에게로만 달림을 한탄하였는데, 공이 그를 좋아했으니, 그 의취意趣의 같음이 시문의 재화才華 너머에 우뚝함을 알 만하다. 후한後漢의 황헌黃憲[16]은 그의 사적事迹과 행실을 알 길 바이 없되, 유독 진번陳蕃과 곽태郭泰 몇 사람이 감탄 서술하여 오늘에 이른다. 우계가 어찌 다만 진번과 곽태일 뿐이리오? 또한 저는 드날리고 스스로 기뻐하여 허물없기를 간직할 수 없었지만, 우계는 큰 선비로 근엄한데, 진실로 공을 이렇듯 추었으니, 공을 알고 싶은 자에게는 이것이 바로 진실일 뿐이니라. 지혜와 덕행이 있는 이가 드물어 시어질 듯 시어질 듯 이제에 이르되, 무덤 앞에 돌 하나를 이제야 세우게 되었다. 인보寅普가 붓을 들어 이 일을 도우며, 마음에 끌려 예와 이제를 우러르고 굽어봄에 실로 나도 모르게 시울도 없는 느꺼움에 잠기게 된다.

공의 재주와 뜻은 이미 세상에 쓰이지 못했건만 시교詩敎는 집안에 전해진다. 손자 두경斗卿은 이름이 날렸고, 벼슬이 예조참판禮曹參判, 홍문관제학弘文館提學에 이르니, 세상에서 이른 바 정동명鄭東溟이 바로 이다. 그 후에 충헌공忠獻公 민시民始가 정조 때 중요한 정무에 참예하여 병정을 도맡아서, 그 형 이조참판吏曹參判 원시元始와 함께 충성, 신실, 공손, 근엄으로 세상에 이름났다.

公鄭氏, 諱之升, 號叢桂堂. 於北窓古玉二先生, 爲從子. 二先生淸苦絶世, 北窓尤以朗詣邃解, 出入天人, 至今稱焉. 若其函抱之眞敻

16 黃憲 : 後漢. 字 叔度. 陳蕃과 周擧가 서로 말하기를, "달포동안 黃生을 못 만나면, 비루하고 인색한 싹이 다시금 마음에 남는다." 했고, 郭泰가 洪南에 노닐다가, "叔度는 넘실대기 마치 천이랑 파도 같아서 맑히려 해도 맑아지지 않고, 뒤섞여 봐도 흐려지지 않는다." 하였다 함. 세상에서 徵君이라 號했음.

矣, 蓋望之如雲. 而公布衣蚤棲身萬山中, 益晦, 獨其詩一二, 如仙鶴遺毳毛, 飄墮人寰. 傷春曰, "草入王孫恨, 花添杜宇愁. 汀洲人不見, 風動木蘭舟." 題僧詩卷曰, "爾自西歸我亦西, 春風一杖路高低. 何年明月逍遙寺, 共聽東林杜宇啼." 發某縣曰, "細草閑花水上亭, 綠楊如畵掩春城. 無人解唱陽關曲, 獨有青山送我行." 散見於『芝峰類說』, 梁氏『霽湖集』,『青邱詩話』, 及清人王士禛『池北偶談』, 而其裒拾成卷者, 附北窓集. 素善林白湖, 李五峰, 白湖恒自以不可及, 公生之歲, 明宗庚戌也. 四十而卒於宣祖己丑八月二十七日, 由今乙酉上數, 已三百五十七年. 始公先世, 自溫陽遷漢城, 考十竹軒磏, 娶安東權氏, 僉知潔女, 先卒. 繼娶綾城具氏 縣監淳女, 生子三, 公居中, 而後其叔父府使礥, 妣某鄉, 某氏, 某女. 公亦三子女, 如之, 生佐郞晦, 察訪時, 於高靈申氏僉正汝樑女, 生進士旼及女適進士安逸民, 主簿林得春, 察訪柳天根者, 於晉州蘇氏, 進士宗善女. 公後以孫貴, 贈左承旨, 二夫人從贈曰, 淑. 子姓枝分, 所在爲名族. 寅普近寓楊州, 聞公墓在州砂井洞, 以託在外裔, 意欲一躬展焉. 而遇鄭君樂勳於礪山皇華村, 謂公之墓尙無表, 後孫之恥, 吾具石文則屬子, 寅普不敢辭. 蓋公之傳者, 詩耳, 當公時牛溪成文簡公, 見公詩, 跋其後, 有曰, "鄭子眞, 彈琴讀書, 足以無求於外, 是以其志豪而逸, 其詩淸而壯. 夫以公爲足以無求於外, 則其自造遠詩固不可以目其人.", 又見牛溪年譜, 牛溪嘗論公, 以爲 "其學術之精微, 力量之雄偉, 求之古人, 蓋諸葛孔明, 王景略之流亞也. 天若假年, 其成就, 豈可量哉?" 由是言之, 公不徒道素內修, 其才可以經世, 乃終其身, 跡匿聲銷, 若懼人之或知之. 悲夫, 世傳北窓事多異, 又云, "公山居, 騎龜而行, 龜所在常有雲氣, 或疑其有度紀飛昇之術.", 是則徒以跡與世遐, 故傳之漸奇. 然所居龍潭朱子川, 有祭天臺, 村人傳爲公設醮步星處, 意玆土往昔, 原鸞永述之緖, 公實得其傳. 深崖絶谷, 孤虔對越善音, 樂好山水, 亦其遺也. 先民芳馨杳杳, 壤性遠嗣, 蓋欲一濯後陋, 虎視舊履. 若是乎, 閎懷不常, 而才副焉. 雖卷以不偶, 閃芒間發, 爲通識所偉. 不然何以云力量, 又何以云, 孔明景略. 林白湖生平放遨名山, 沒時歎以此皐讀玄黃, 長走於人, 而公與之善, 知所趣之同, 落落詞華之外矣. 後漢黃憲事行寂廖, 獨以陳蕃, 郭泰諸人, 故咨述至今, 牛溪何但陳郭, 且彼激揚自喜, 不保其無過. 牛溪大儒謹嚴, 而顧推公如此, 欲知公者, 玆其實已. 知德之鮮, 泯泯以廐于今, 墓前一石, 於今始樹. 寅普操筆墨而相斯役, 俯仰顧懷, 誠不自覺, 其有無涯之感也. 公才與志, 旣不爲世用, 而詩敎傳於家孫, 斗卿有盛名, 官至禮曹參判, 弘文館提學, 世所稱鄭東溟, 是也. 其後忠獻公民始, 正祖時, 預樞機莞, 戎政與其兄吏曹參判元始, 俱以忠藎恭謹著.

행록
行錄

공의 휘는 지승之升이고, 자는 자신子愼이며, 호는 총계당叢桂堂이다. 다른 호를 회계산인會稽山人이라고도 한다. 십죽헌十竹軒의 둘째 아들이었는데, 만죽공萬竹公의 후사가 되었다. 가정嘉靖[1] 경술년(1550)에 태어났고, 만력萬曆[2] 기축년(1589)에 온양의 시골집에서 졸하니, 나이가 겨우 40이었다. 공은 옥같은 모습에 환히 문채가 있어 사람의 눈길을 끌었다. 임백호林白湖[3], 이오봉李五峰[4]과 더불어 시사詩社를 맺어 시편詩篇을 수창酬唱하였는데, 사람들에게 전파되었다. 두 분이 대개 항상 한 수 아래에 있었다. 일찍이 용담龍潭[5]의 회계산會稽山 가운데 들어가 초당을 하나 지어놓고 총계당이라 하고, 그곳에서 소요자적하며 세월을 보내면서 날마다 그 속마음을 시로 읊었다. 현곡玄谷 조위한趙緯韓이 고옥古玉[6]을 뵙고 공의 시에 대해서 묻

1 가정(嘉靖) : 명나라 세종(世宗)의 연호. 1522~1566.

2 만력(萬曆) : 명나라 신종(神宗)의 연호. 1573~1620.

3 임백호(林白湖) : 조선 선조 때의 시인 임제(林悌 : 1549~1587). 자는 자순(子順). 호는 백호(白湖) 겸재(謙齋). 당대의 명문장가로 호방하고 쾌활한 시풍을 보였으며, 속리산에서 학문에 몰두하였다. 문집에 『백호집』이 있고, 작품에 「화사(花史)」, 「수성지」, 「원생몽유록」 등이 있다.

4 이오봉(李五峰) : 조선 선조 때의 문신 이호민(李好閔 : 1553~1634). 자는 효언(孝彦). 호는 오봉(五峯). 임진왜란 때 이여송(李如松)에게 원군을 청하여 공을 세우고 연릉 부원군(延陵府院君)에 봉해졌다. 문장과 시에 뛰어났으며, 작품에 「용만시(龍灣詩)」, 문집에 『오봉집』 등이 있다.

5 용담(龍潭) : 전라북도 진안 지역의 옛 지명.

자, 고옥은 칭찬하여 마지않으며 말하기를, "이 사람은 우리 집안의 천리마千里馬이고, 진실로 사조수射鵰手[7]이다. 나같은 늙은이가 의론할 바가 아니다."라고 하였다. 또 우계牛溪[8]를 뵈었을 때 말이 공에 미치자, 우계가 말하기를, "정공은 어찌 시인일 뿐이겠는가? 그 학술의 정미함과 역량의 웅위함은 옛사람에게서 구한다면 제갈공명諸葛孔明과 왕경략王景略[9]에 버금가는 사람이다."라고 하였다. 세상에서 전하기를 공이 회계산에 있을 때, 높이와 넓이가 여러 척 되는 어떤 신령스런 거북이 당 뒤에서부터 와서 섬돌 앞에 엎드렸다. 그래서 쇠고리로 그 두 곁을 뚫어 때때로 타고 놀다가 흥이 다하면 그치곤 하였다. 그만둘 때는 곧 바위 골짜기에 물러나 숨었는데, 숨을 토하면 구름이 되었으므로, 이것으로 그가 간 곳을 알게 되어 불러다가 탔으니, 이것 또한 산 속에서 벌어졌던 기이한 일 가운데 하나이다. 하루는 뜰 곁을 배회하다가, 커다란 천둥이 치듯이 울다가 시간이 흐르자 갔는데, 이날 공이 돌아갔다고 한다.

公諱之升, 字子愼, 號叢桂堂, 又號會稽山人, 十竹軒第二子, 出後萬竹公. 以嘉靖庚戌生, 萬曆己丑卒于溫陽村舍, 壽僅四十. 公玉貌瑩然, 文彩動人, 與林白湖, 李五峰, 爲詩社, 酬唱篇什, 傳播人口, 而二公率常在下風. 嘗入龍潭會稽山中, 構一草堂, 名之曰, 叢桂堂. 逍遙

6 고옥(古玉) : 조선 시대의 학자 정작(鄭碏 : 1533~1603)의 호. 자는 군경(君敬). 호는 고옥(古玉). 평생 벼슬에 뜻을 두지 않고 학문에만 정진하였다. 시와 글씨에 뛰어났으며, 의학에도 조예가 깊어 《동의보감》 편찬에 참여하였다.

7 사조수(射鵰手) : 독수리를 쏘아 잡는 뛰어난 솜씨. 명사수. 여기서는 글 짓는 뛰어난 솜씨·재주를 가진 사람을 일컫는다.

8 우계(牛溪) : 조선 중기의 학자 성혼(成渾)의 호.

9 왕경략(王景略) : 중국 동진(東晉) 때의 인물 왕맹(王猛)을 자로 일컫는 말이다. 지략이 뛰어난 인물로, 전진(前秦)의 부견(苻堅)을 도와 부국강병을 이룩하고 명재상이 되었다.

偃仰, 日哦其中, 趙玄谷緯韓, 見古玉問公之詩, 古玉嘖嘖不已曰, "此吾家千里駒, 眞射鵰手也. 非老夫所可議." 又見牛溪, 語及公, 牛溪曰, "鄭公豈詩人而已哉? 其學術之精微, 力量之雄偉, 求之古人, 蓋諸葛孔明, 王景略之流亞也." 世傳公在會稽時, 有神龜高廣數尺, 出自堂後來, 伏階前, 因以鐵環穿其兩傍, 有時騎行, 興盡而止, 止則退隱巖谷, 吐氣成雲, 以此識其去處, 招來駈策, 此亦山中之一奇事也. 一日徘徊庭畔, 鳴如巨雷, 移時而去, 是日公沒云.

유사
遺事

공의 뜻은 자연에 있어서, 시끄럽고 먼지가 날리는 곳을 싫어하였다. 그래서 서책을 싣고 용담으로 들어가 만산 가운데 집을 짓고 총계당이라고 하였다. 거문고를 타고 책을 읽으며 그곳에서 세월을 보내며 날마다 그 속마음을 시로 읊었다. 그 시는 구름을 타고 하늘을 나는 듯 속세를 떠난 것 같은 생각이 있었다.

公志在烟霞, 厭其囂塵, 載書冊, 入龍潭, 結廬萬山中, 名之曰, 叢桂堂. 彈琴讀書, 逍遙偃仰, 日哦其中, 飄飄然, 有出塵之想.

제가의 기술
諸家記述

○ 총계당叢桂堂 정지승鄭之升은 곧 동명東溟[1]의 할아버지이고, 북창北窓[2]의 조카이다. 용담龍潭에 살 때에 항상 커다란 거북을 타고 다녔다. 쉴 때는 거북이를 바위 사이에 두었는데, 구름 기운이 그 등을 덮었다. 노비가 문득 자취를 따라가서 끌고 왔다. 이것으로 그가 세속의 보통 선비가 아님을 알 수 있다. 내가 용담으로 가서 방문하니, 주자천[3]이 흘러서 와룡암臥龍巖에 이르고, 근처의 시골 사람들이 그곳을 가리켜 보이면서 그가 살던 곳이라 한다. 집 앞 수백 보쯤에 제천대祭天臺가 있는데, 높은 언덕에 아득히 떠 있는 듯하고 그 꼭대기에는 소나무 한 그루가 있다. 전하기를, 이것은 총계자가 베풀어 놓고 별에게 초례醮禮[4]를 지내던 곳이라 한다. 비를 무릅쓰고

1 동명(東溟) : 조선 후기의 문인 정두경(鄭斗卿 : 1597~1673)의 호. 그의 자는 군평(君平)이고, 호는 동명(東溟)이며, 본관은 온양(溫陽)이다. 할아버지가 지승(之升)이고, 증조부가 담(譫), 고조부가 염(磏) · 작(碏)이다. 1629년 별시문과에 장원, 부수찬 · 정언 등을 역임하였다. 1669년(현종 10) 홍문관제학을 거쳐 예조참판 · 공조참판 겸 승문원제조에 임명되었으나 모두 노병으로 사양하고 나아가지 않았다. 이조판서 · 대제학을 추증하였다. 저서로는 『동명집』 26권이 있다.

2 북창(北窓) : 정렴(鄭磏 : 1505~1549)의 호이다. 그의 자는 사결(士潔)이고, 호는 북창(北窓)이다. 내의원제조(內醫院提調) 순붕(順鵬)의 아들이다. 1537년(중종 32)에 사마시에 합격하였으나, 이후 벼슬길에 나아가지 않았다. 어려서부터 천문 · 지리 · 의서 · 복서(卜筮) 등에 두루 능통하였다고 전한다.

3 주자천(朱子川) : 전라북도 진안군 주천면에 있는 시내.

4 초례(醮禮) : 후대에는 관례나 계례, 또는 혼례 때에 어른이 술 한 잔을 부어 주는 것을 말하지만, 여기에서는 도교 의식의 하나로서 성신(星辰) 특히 북두성에 지내는 제사를 초제

올라가서 안개물이 아득하여, 더욱 배회하고픈 생각이 있음을 깨달아, 부질없이 두 절구를 읊어서 기록한다.

1

총계당의 은자는 스스로 편안하고 뛰어났는데,
제천대는 신선세계와 함께 높이 솟아 있네.
시골 늙은이 날아올라간 날 알 수 없는데,
호숫가 봄바람에 푸른 복숭아만이 익어간다.

叢桂幽人自逸豪, 祭天臺與紫霞高.
村翁不記飛昇歲, 潭上春風老碧桃.

2

무너진 섬돌이며 기운 주춧돌 어렴풋 남았는데,
신선 좇아 떠난 사람 언제나 돌아오려나?
검은 거북이라도 찾으려 소식을 묻자니,
와룡암 곁에는 연기와 물안개만 어둡다.[5]

頹堦圮礎尚依俙, 去逐喬松幾日歸,
欲覓玄龜問消息, 卧龍巖畔暗煙霏.

(醮祭)라 하는데, 초제를 지낼 때의 제례(祭禮)를 가리는 뜻으로 쓰였다.

5 "삼연 김창흡의 문집에서 나왔다[出金三淵昌翕集]." (원주) 『三淵集』 卷14에 수록되어 있다.

叢桂堂鄭之升, 卽東溟之祖而北牕之姪也. 居在龍潭, 常騎一大龜而行, 休則置龜巖間, 雲蓋其背, 奴輒迹而牽來, 以此知非俗士也. 余到龍潭, 訪朱子川, 迤至卧龍巖, 近處村人有指示其遺基者, 宅南數百步, 有臺曰祭天, 縹緲孤峙, 頂戴一松, 傳是叢桂子設醮步星之所, 冒雨登臨, 煙水微茫, 尤覺有徘徊之思, 漫詠兩絶以志之. "叢桂幽人自逸豪, 祭天臺與紫霞高, 村翁不記飛昇歲, 潭上春風老碧桃" "頹堦圮礎尙依俙, 去逐喬松幾日歸, 欲覓玄龜問消息, 卧龍巖畔暗煙霏"

○ 성호선成好善[6]의 자는 칙우則優이다. 어려서부터 이리저리 배회하며 산수 간에 놀기를 좋아하였다. 일찍이 금강산에 놀러 갈 적에 일시의 문인文人・사객詞客에게 이별의 시를 구하였다. 회계산인 정아무개의 시는 다음과 같다.[7]

흰 삽이 슬피 울어 검기가 솟아오르니,
잠시 물외에서 비장방의 지팡이를 잡았다.
부상에서 앉아 동해의 해를 바라볼 것이고,
옛 삿나무는 아직 서쪽에서 온 중을 마주하리.
비로봉 만 길이나 높이 하늘 속으로 솟아있고,

6 성호선(成好善) : 1552~?. 자는 칙우(則優)이고, 호는 월사(月簑)이며, 본관은 창녕이다. 22세 때인 1573년(선조 6) 계유(癸酉) 식년시(式年試)에서 진사(進士) 3등(三等)으로 합격하였고, 38세 때인 1589년(선조 22) 기축(己丑) 증광시(增廣試)에서 을과(乙科) 2위로 합격하였다.

7 본문의 칠언율시조에 있는데, 제목은 「성칙우가 풍악으로 놀러가는 것을 보내며[送成則優遊楓嶽]」로 되어 있다.

휘황한 은과 옥의 빛이 어지럽게 빛나리.
하늘 바람이 오운거를 불어서 내려보내니,
때때로 신선이 함박 웃음짓는 것 보이네.

素匣悲號劍氣騰, 暫携物外長房藤.
扶桑坐看東海日, 古栢尙對西來僧.
毘盧萬仞入霄漢, 爛銀濃玉光凌亂.
天風吹下五雲車, 時見仙人一笑粲.

참판 성수익成壽益[8]은 칙우의 부친이었는데, 유아하고 박학하였다. 누워서 이 시를 보다가 자기도 모르게 놀라서 일어나 모자를 바로 하고 앉았다. 정 아무개도 또한 산수에 놀기를 좋아하여 우리나라의 명산대천을 두루 보지 않은 데가 없었다. 만년에 이 산에 놀러가서 이런 시를 지었다.

두류와 풍악은 묘향산으로 통하고,
하백과 강신은 해약과 한가지이네.
어찌 문장에 도움이 있으리오마는,
장유하는 오늘 동쪽을 모두 보리라.

頭流楓岳妙香通, 河伯江神海若同.
豈是文章能有助, 壯遊今日盡天東.

8 성수익(成壽益) : 1528~1598. 조선 중기의 문신. 본관은 창녕(昌寧). 자는 덕구(德久), 호는 칠봉(七峯). 1559년 정시문과에 을과로 급제하여 승문원권지(承文院權知)에 부임된 것을 시작으로, 임진왜란 때에 형조참판 겸 오위도총부부총관에 제수되었다.

스스로 평생의 가작이라고 생각하였는데, 내가 보기에는 그말 그대로 믿기는 어렵지만, 산해에 맘껏 노닐던 풍류가 넘치고 호일했던 기상은 상상할 수 있겠다.[9]

成好善, 字則優, 自少俶儻好遊山水間, 嘗遊金剛山求別章于一時文人詞客, 會稽山人鄭某詩曰, "素匣悲號劍氣騰, 暫携物外長房藤. 扶桑坐看東海日, 古栢尙對西來僧. 毘盧萬仞入霄漢, 爛銀濃玉光凌亂. 天風吹下五雲車, 時見仙人一笑粲." 參判 成壽益, 則優父親, 儒雅博學, 上臥看詩, 不覺驚起整冠而坐, 鄭冒亦好遊山水我國名山大川, 無不遍觀而晩遊此山有曰, "頭流楓嶽妙香通, 河伯江神海若同. 豈是文章能有助, 壯遊今日盡天東." 自以爲平生佳作, 以余觀之, 雖不信然而其放遊山海風流, 豪逸之氣, 可想.

○ 일찍이 봄을 아쉬워하는 절구 한 수를 지었다.[10]

풀에는 왕손의 한이 스며 있고,
꽃에는 두견이의 근심이 서려 있네.
강가에는 사람은 보이지 않고,
바람에 목란배만 일렁이고 있네.

9 "『어우야론(於于野論)』에서 나왔다." (원주) 유몽인의 『어우야담』에 보인다.
10 문집의 본래 제목은 「강가에서 눈에 보이는 경치를 읊음[江洲卽事]」이다.

草入王孫恨，花添杜宇愁.
汀洲人不見，風動木蘭舟.

이 시를 당시집 가운데 섞어 써놓고 최경창 등 여러 사람에게 보이더라도 모두 가려내지 못할 것이라고 하는데, 자세히 음미해보면 당시와 같지 않은 바가 있다.[11]

嘗有傷春一絶曰,"草入王孫恨, 花添杜宇愁. 汀洲人不見, 風動木蘭舟." 此詩混書唐詩集中, 以示崔慶昌諸人, 皆不能辨云. 而細味之, 有不似唐者矣.

○ 임백호가 이 절구를 외우면서 근세의 절창이라고 하며, 스스로 미치지 못한다고 생각하였는데, 이는 사실 그러하다.[12]

林白湖誦此絶句, 爲近世絶唱, 自以爲不可及, 是則果然矣.

○ 공이 일찍이 영남에 노닐었을 적에 다만 다음의 한 연만을 지었다.

11 "『지봉유설』에서 나왔다[出芝峰類說]." (원주) 이수광의 『芝峯類說』 卷13 「文章部」 6 「東詩」에 실려 있다. 그리고 뒤에는 다음의 내용이 더 있다. "又嘗有警句曰, '南貧置酒朝醺足, 北富熏天夜笛高.'"

12 "제호시화(霽湖詩話)" (원주) 이 내용은 양경우의 『제호집(霽湖集) 卷9 「詩話」에 수록되어 있다.

열 집쯤 되는 인동현이요,
천 봉우리의 지리산이로다.

十室仁同縣, 千峯智異山.

다시 한 구절을 붙이려고 하였으나, 얻지를 못하고 돌아왔다.[13]

公嘗遊嶺南, 只成一聯曰, "十室仁同縣, 千峯智異山." 更着一句不得而還.

○ 일찍이 총계당叢桂堂 정공鄭公과 더불어 화장사華藏寺에 놀러 갔는데, 절의 중이 무려 수천 명이나 되었다. 그 가운데 하나를 가리켜 그 명부를 펼치라 하고 기억력을 시험하였다. 총계가 한 사람을 빠뜨리고 두 사람을 바꾸었는데, 공은 실수한 바가 없었다.[14]

嘗與叢桂堂鄭公 遊華藏寺, 寺僧無慮數千, 指一閱其簿, 試記之, 叢桂落一人, 換二人, 公無所失.

13 이곳에는 출전이 밝혀져 있지 않다. 이 내용은 『芝峯類說』 卷13 「文章部」 6 「東詩」에 수록되어 있다. 원문에는 '知異山'으로 되어 있어 '智異山'으로 바로 잡았다.

14 "학유 강종경의 가장에서 나왔다[出姜學諭宗慶家狀]." (원주)

한벽당에 쓴 기문
寒碧堂記

유몽인柳夢寅

차다는 것은 무엇을 말한 것인가? 대나무이다. 푸르다는 것은 무엇을 말한 것이다. 물가이다. 당의 이름을 한벽寒碧이라 한 것은 무엇을 말한 것인가? 그곳에 대나무와 푸른 물이 있기 때문이다. 대나무와 물을 한벽이라 한 것은 무엇 때문인가? 두보의 "대는 차갑고 물가는 푸르른 데 화계에서 빨래한다竹寒沙碧浣花溪."[1]라는 시구를 취한 것이다. 누가 그곳에 사는가? 조대 정시[2]가 산다. 조대는 서울 사람이다. 그 선군은 시로 일세에 이름이 높았는데 일찍이 회계산會稽山에 은거하며 벼슬을 구하지 않고, 자호를 회계산인會稽山人이라 하였다. 조대는 어려서부터 기개가 넘치고, 어려운 때를 당하여 또한 금성산錦城山에 은거하였다. 산에는 만 줄기 한죽寒竹이 있고, 한 줄기 벽사가 있어, 한 당에서 모두 움켜잡을 듯하여, 이에 당의 이름은 여기에서 얻은 것이다.

무릇 차가운 것이 한 가지가 아니니, 바람도 있고, 달도 있고, 물도 있고, 바위도 있어 그 이름이 수천 수백 가지인데 그 이름을 반드시 대竹라 하였고, 푸른 것이 한 가지가 아니니, 하늘도 있고, 구름도

1 이 구절은 구조오(仇兆鰲)가 찬(撰)한, 『두시상주(杜詩詳註)』 권13에 있는 「장부성도초당도중유작선기엄정공오수(將赴成都草堂途中有作先寄嚴鄭公五首)」의 세 번째 시의 첫 번째 구이다.

2 정시(鄭時) : 정지승의 둘째 아들로, 정지복(鄭之復)에게 양자로 갔다.

있고, 산도 있고, 바다도 있어 수천 수백 가지인데, 그 이름을 반드시 물가沙라 한 것은 무엇 때문인가? 조대는 두보와 출처가 비슷하고, 거처가 피하여 산다는 것에서 같고, 땅은 금성이라는 것이 같고, 당은 완화의 초당이라는 점이 같고, 그리고 시는 떠돌아다니며 회포를 적었다는 점에서 같으니, 마땅히 홍이 비슷한 것을 취한 것이다. 그러나 조대는 "옥을 빻으니 천백 석의 구슬이 날린다搗玉揚珠千百斛."[3]라는 구절이 있으니, 이는 선비 가운데 춥지 않은 것인데, 그 추운 것을 사랑함이 있고, "예쁘게 화장한 듯 울긋불긋 수십 줄粉黛緋紫數十行"이란 구절이 있어, 그 빛이 푸른 데에 그치지 않은데 오히려 그 푸른 것을 사랑하니, 이것은 조대가 두보가 가지고 있는 것을 가졌으면서도 또한 두보가 가지지 못한 것을 가진 것이다.

아아! 사람들이 다만 차가운 것은 차갑고, 푸른 것은 푸른 줄만 알고, 한벽 두 자가 시에서 나온 줄을 모르니, 그 홍취를 이루기에는 부족하다. 사람들은 다만 시의 홍취가 대와 물가 두 물건에 있다는 것만 알고, 그 홍취가 기에 있지 않고 색에 있지 아니하다는 것을 모르니, 그 홍취가 온 바를 알기에 부족하다. 그 홍취가 나온 것이 대나무도 아니고, 물가도 아니고, 시도 아니니, 그것은 우리의 방촌 사이에서 나오는 것이 아닌가? 이에 군자가 다음과 같이 노래하였다.

3 이 구절은 시원지(施元之)가 원주(原註)한 『시주소시(施註蘇詩)』 권18에 수록된 「왕제만수재우거무창현류랑보정여오주상대오자서분오소종도강야(王齊萬秀才寓居武昌縣劉郎洑正與伍洲相對伍子胥奔吳所從渡江也)」이란 시의 두 번째 구이다. 본문의 '천백곡(千百斛)'이 여기에는 '삼만곡(三萬斛)'으로 되어 있다.

꼿꼿한 모든 대나무의,
기개가 책속에 서렸네.
길게 이어진 물가에는,
빛이 시내의 달에 이어졌네.
누가 이 누대를 지었던가?
누대가 시로 이름이 났네.
대대로 시로 숨어살았는데,
맏이가 집안의 명성을 이었네.
금성보다도 우뚝하게 솟고,
금강보다도 깊은 맛이 있네.
차갑던가? 푸르던가?
주인의 마음속이.

亭亭萬竹, 氣侵書帙.
綿綿平沙, 色連溪月.
孰營是堂, 堂以詩名.
世隱於詩, 允繼家聲.
錦城嵯嵯, 錦水深深.
寒耶碧耶, 主人之襟.

그 노래를 듣고 그 이름을 사랑하지만, 그 집에 들어가 보지 않았고, 그 물건을 보지 않고 다만 글로만 기록을 한다. 기록을 하는 사람이 누구인가? 고흥高興의 유몽인柳夢寅[4]이다.

4 유몽인(柳夢寅) : 조선 중기의 문장가(1559~1623). 자는 응문(應文). 호는 어우당(於于堂)

寒者何, 竹也, 碧者何, 沙也. 堂之名寒碧何? 以其地有竹沙也. 竹沙之稱寒碧何, 取杜子竹寒沙碧浣花溪者詩也. 孰居之? 鄭措大時也. 措大, 京師人, 其先君詩名高一世, 嘗隱於會稽山不售, 自號會稽山人. 措大自幼稚富氣槪, 値時之難, 亦隱於錦城山, 山有萬竿寒竹, 一帶碧沙, 可挹於一堂, 堂之名於是乎得之矣. 夫寒者非一, 有風也月也水也石也, 千百其名, 而必曰竹, 碧者非一, 有天也雲也山也海也, 千百其名, 而必曰沙者何, 措大與杜子出處相近, 居同於避寓, 而地同於錦城, 而堂同於浣花之草堂, 而詩同於旅遊之遺懷, 宜夫取興之似之也, 然而措大有搗玉揚珠千百斛, 是士之不寒者, 而猶愛其寒, 有粉黛緋紫數十行, 是其色不止於碧, 而猶受其碧, 是措大有杜子之所有, 而又有杜子之所未有也. 吁! 人徒知寒者寒碧者碧, 而不知寒碧二字之出於詩, 不足以識其趣也. 人徒知詩之趣在竹沙二物, 而不知其趣之不於氣不於色, 不足以識其趣之所自來也, 其趣之來不竹不沙不詩, 而其不自吾方寸間乎. 於是, 君子歌之曰, 亭亭萬竹, 氣侵書帙. 綿綿平沙, 色連溪月. 孰營是堂, 堂以詩名. 世隱於詩, 允繼家聲. 錦城嵯嵯, 錦水深深. 寒耶碧耶, 主人之襟. 有聽其歌而愛其名者, 不入其堂, 不見其物, 而文以記之, 記之者何人, 高興柳夢寅也.

(柳夢寅, 『於于集』 卷4[5])

간재(艮齋) 묵호자(默好子). 설화 문학의 대가였으며, 글씨에도 뛰어났다. 인조반정으로 벼슬을 내놓고 전전하다가 역모로 몰려 사형 당하였다. 저서로는 『어우야담』, 『어우집』 등이 있다.

5 원집에는 출전에 밝혀져 있지 않다. 아마도 유몽인이 인조반정 때 모반죄로 처형을 당하였기 때문에 꺼려해서 그랬던 것으로 보인다.

옛터에 세운 비석
遺墟碑

팔대손八代孫 성우性愚 찬撰

지금 임금 23년 계미(순조 23년; 1883)년 봄에 팔대손 성우가 마침 금산군수錦山郡守로 오게 되었다. 주자천朱子川과의 거리가 40리 떨어져 있어 가서 옛 터를 돌아보았다. 총계叢桂는 꽃을 피웠는데 빛이 고왔고, 붉은 잎은 마치 개나리의 잎과 같았다. 돌을 깎아 비를 집터의 옛날 섬돌 위에 세우고 그 뒷면에 다음과 같이 기록하였다.

옛날 우리 팔세조 총계선생叢桂先生이 이곳에 집을 지었다. 이오봉李五峰, 임백호林白湖와 더불어 마음이 통하는 벗이 되었다. 지금 이백여 년이 지난 뒤에 이곳에 사는 사람들이 유지遺址를 가르쳐 주었다. 후손인 성우가 금산에 군수로 와서 네 기둥을 세웠던 자리며 옛 섬돌, 그리고 몇 그루 붉은 계수나무를 돌아보고, 감모感慕하는 마음을 이기지 못하여 돌을 세우고 행적을 기록한다.

공의 휘는 지승之升이시고, 자는 자신子愼이시다. 명종 경술년(1550)에 태어났는데, 묘는 양주楊州 사정동砂井洞에 있다.

또 금산 부남면富南面 죽담竹潭 가에 조그마한 집터가 있는데, 벽에다 새겨서 기록한다. 숭정崇禎 후 네 번째 계미(1883) 오월일에 세우다.

또 본군의 대소리大所里에 가니, 시내를 따라 골짜기로 들어가게 되어 있는데, 맨 앞에 죽담폭포竹潭瀑布가 있다. 굽이굽이 문암門巖에 이르니 거대한 바위가 마주보아 골짜기의 문을 이루었다. 이어서 남은 터로 올라가니, 그 터는 깎아지른 절벽의 아래에 있었다. 섬돌 앞을 보축하여 단지 몇 간의 집터가 있을 뿐인데, 심하게 망가졌지만 터의 모양은 남아 있었다. 집 뒤와 석벽은 불과 서너 자 밖에 떨어져 있지 않았다. 절벽 아래 바위가 움푹 파인 곳이 있고, 간간이 물이 떨어져서 이내 조그만 우물이 되었으므로, 단천丹泉이란 두 글자를 새기고, 벽 위에 '총계당의 터叢桂堂基'라는 네 자를 썼다.

今上二十三年, 癸未春, 八代孫性愚, 適守錦山, 距朱子川, 四十里, 往省遺址, 數叢桂發花色鮮紅葉似辛夷, 伐石立碑于堂基古砌之上, 陰記曰,

昔我八世祖叢桂先生卜築於此, 與李五峰[1], 林白湖, 爲知心友, 于今二百餘年, 居人指點遺址焉, 後孫性愚來守錦山, 獲省四楹古砌數叢紅桂, 不勝感慕, 立石記績. 公諱之升, 字子[2]愼, 生于明宗庚戌, 墓在楊州砂井洞. 又錦山富南面 竹潭上, 有小屋基, 銘壁以識. 崇禎後四癸未五月日入.

又往本郡大所里緣磎入峽, 初有竹潭瀑, 轉到門巖二巨石相對作洞門, 仍上有基, 基在削壁之下, 階前補築, 只是數間屋基, 廢堠尙有形址, 而屋後距石壁不遇三四尺壁, 下石凹石間水滴, 仍作小井, 故刻丹泉二字, 壁上題叢桂堂基四字云.

1 원문에는 '五' 자가 빠져 있다.
2 원문에는 '子' 자가 빠져 있다.

여러 사람들의 기술
諸家記述

○ 학관學官 박지화朴枝華[1]의 호는 수암守菴이다. 어려서부터 이름난 산에 노닐면서 솔잎을 먹고 절식하였다. 일찍이 학자들과 함께 산사에 기거하면서 한 달 내내 항상 한 벌의 베옷만 입고 지냈는데, 밤이면 책을 베고 누워 15일 밤은 왼쪽으로 누워 자고 15일 밤은 오른쪽으로 누워 자니, 베옷에는 주름 하나 없이 언제나 새로 다림질한 것 같았다.

그는 유교학 불교학 도교학을 모두 공부하였는데, 세 분야 모두에 학문이 상당히 깊었으며 예서에는 더욱 정통하였다. 문장에서는 시와 문이 모두 뛰어났다. 일찍이 그가 부마 광천위光川尉[2]의 만사를 지었는데, 시인 정지승이 그의 시를 칭찬해 마지않으면서 말하기를, "이 사람이 문벌과 지위는 비록 낮으나 문단에서의 지위는 몹시 높다."라고 하였는데, 그 시는 다음과 같다.

1 박지화(朴枝華) : 조선 선조 때 학자. 자는 군실(君實), 호는 수암(守菴). 본관은 정선(旌善). 화담(花潭) 서경덕(徐敬德)의 제자. 어려서부터 명산(名山)을 찾아 놀았으며 솔잎을 먹고 생식을 하였다. 유교·도교·불교 등에 조예가 깊고, 예서(禮書)에도 정통하여 아울러 문명이 높았다.

2 광천위(光川尉) : 중종의 딸인 혜순옹주(惠順翁主)의 남편으로 이름은 김인경(金仁慶)이다. 본관은 광주(光州)이고, 아버지는 참의 헌윤(憲胤)이다.

천손天孫 하고河鼓는 본국 동서를 돌아다니며,
인간세상의 다섯 가지 복을 모두 얻었도다.
끓인 국, 빚은 떡으로 해마다 옥체를 닦고,
이날은 소대[3]에 함께 봉황 타고 가도다.
여러 사람들이 예를 갖추고 의식을 베풀지만,
화려한 침방 무르익은 욕정에 미망이 베풀어지도다.
집이 심수 동산에 있어 서로 바라보이니,
봄풀이 또한 무성하여짐에 견딜 수 없네.

天孫河鼓本東西, 贏得人間五福齊.
湯餠當年曾拭玉, 簫臺此日共乘鸞.
諸郎秉禮歐儀擧, 華寢連雲象設迷.
家在沁園相望地, 不堪春草又萋萋.

그의 나이가 70이 넘었을 때에는 항상 두문불출하였다. 성의 저자거리에 기거하였는데, 한 방에만 종일토록 단정히 앉아 있어 적막하기가 마치 산림 속에 있는 것과 같았다.

(국역 어우야담, 이월영, 101쪽)[4]

學官朴枝華, 號守菴, 自少遊名山, 餐松絶粒, 嘗與學者, 同棲山寺, 浹月常衣一布衣, 夜則枕書而眠, 十五夜左臥, 十五夜右臥, 布衣無稜

3 소대(簫臺) : 소대는 소사(簫史)의 누대란 뜻이다. 춘추시대 진(晋)나라 목공(穆公)의 딸 농옥(弄玉)이 소사에게 시집가서 함께 누대에 올라 피리를 열심히 불었는데, 그 피리 소리를 듣고 봉황이 내려와 그 봉황을 타고 신선세계로 갔다고 한다.

4 이 글은 『수암유고(守庵遺稿)』 부록 「유사(遺事)」에도 수록되어 있고, 출전이 『지봉유설』로 되어 있으나 아마도 잘못된 것으로 보인다.

如新熨. 儒道釋三學, 着工俱深, 於禮書尤精博. 其文章詩與文, 皆高絶, 嘗製駙馬光川尉挽辭, 詩人鄭之升稱引不已曰, "若人門地雖卑, 於騷家地位甚高." 云. 其詩曰, "天孫河鼓本東西, 贏得人間五福齊. 湯餠當年曾拭玉, 簫臺此日共乘鸞. 諸郎秉禮歈儀擧, 華寢連雲象設迷. 家在沁園相望地, 不堪春草又萋萋." 及年踰七十 常杜門 居城市坐一室, 終日危坐, 岑寂如山林.

○ 정지승이 어려서 아직 장가들이 않았을 때 사통하는 창기가 있었다. 부모는 공부하는 데 방해될까 근심한 나머지 의관을 빼앗고 정지승을 밀실에 가두어 두었다. 그런데 정지승의 벗이 창기의 서찰을 전해주니 지승 또한 시를 지어 그녀에게 답하였다.

비바람에 배꽃 흩날릴 제 중문을 닫고,
푸른 새 날 때에 눈물 흔적을 보이네.
한 번 죽으면 이 이별을 잊는다 해도,
구원에서 또 애끊는 혼이 되리라.[5]

梨花風雨掩重門, 靑鳥飛時見淚痕.
一死可能忘此別, 九原猶作斷腸魂.

5 이 시는 『총계당시집』에 「무제」라고 되어 있는 시의 두 번째 작품이다. 나머지 두 수는 다음과 같다. "화로의 향 사위고 달은 서산에 질 제, 비단 장막 추위를 막고 촛불 그림자 낮게 비치네. 굽은 병풍에 비스듬히 기대어 근심에 잠 못 이루니, 마치 오경의 닭소리 들은 듯하네[鑪香消盡月輪西, 繡幕圍寒燭影低. 斜倚曲屛愁不寐, 若爲聽得五更鷄]." "꿈속에서 분명히 아름다운 임 보았는데, 비단이불 향나무 목침에 봄볕처럼 따듯했네. 변방에서 밤마다 길이 이와 같았다면, 반평생 어찌하여 꿈속의 몸 되었으리[夢裏分明見玉人, 錦衾香枕暖生春. 關山夜夜長如此, 半世寧爲夢裏身]."

정지승이 그의 외삼촌을 따라 덕천에 갔을 때 비로소 덕천찰방과 더불어 논의를 교환하게 되었다. 절간으로 서로 안부를 물었는데 속간의 편지문구를 사용하여 시를 지었다.

삼가 글로 문안 받드니 이루 말할 수 없이 위로되고,
이 몸 보중함은 하념 거듭하심 아님이 없습니다.
세류 늘어진 영중에서 처음 얼굴을 보았을 때에,
생양관 안에서는 등잔불 심지를 거듭 돋우었지요.
쓸쓸히 구름 낀 해질녘에 함께 마주했던 것 회억하면,
말술과 장편의 시만으로는 어찌할 수 없었지요.
모든 게 편안하시기를 누누이 가슴에 품노니,
높으신 그대만을 생각하옵는 정지승 올립니다.

謹承書問慰難勝, 保拙無非下念仍.
細柳營中初識面, 生陽館裏更挑燈.
孤雲落日同相憶, 斗酒長篇獨不能.
餘祝萬安懷縷縷, 伏惟尊照鄭之升.

그가 발만 내면 시가 이루어졌으니 재기의 넘쳐흐름이 이와 같았다. 어떤 중이 소요산에서 묘향산까지 노닐다가 돌아오는데, 덕천의 길 가운데서 지승과 서로 만났다. 지승은 그 중의 시권에 다음과 같은 시를 써주었다.

그대는 서쪽에서 오고 나도 또한 서쪽으로 가는데,
봄바람에 지팡이 하나 길은 오르락 내리락 하네.

어느 날 밝은 달 아래 절에서 이리저리 거닐며,
함께 동쪽 숲에서 두견이 우는 소리 들을 것인가?

爾自西來我亦西, 春風一杖路高低.
何年明月逍遙寺, 共聽東林杜宇啼.

묘향산妙香山과 소요산逍遙山은 내가 즐겨 완미하던 곳인데 이 시를 보니 더욱 잊지를 못하겠다. 아아! 애석하도다. 이 사람이여. 이와 같은 재주를 가지고도 명성 하나 이루지 못하고 요절하고 말았구나. 그의 외삼촌이었던 덕천德川 군수는 내 처의 조고 신여량申汝樑이다.

鄭之升幼時, 未有室家, 有所私娼女. 父母憂其妨業, 奪冠履囚之密室, 其友以女簡通之, 之升以詩答之曰, "梨花風雨掩重門, 靑鳥飛時見淚痕. 一死可能忘此別, 九原猶作斷腸魂." 之升隨其舅如德川, 始與魚川察訪論交, 以折簡相問, 用俗書辭爲詩曰, "謹承書問慰難勝, 保拙無非下念仍. 細柳營中初識面, 生陽館裏更挑燈. 孤雲落日同相憶, 斗酒長篇獨不能. 餘祝萬安懷縷縷, 伏惟尊照鄭之升."[6] 其發言成詩, 才氣蕩溢如此, 有僧自逍遙山遊香山而歸. 之升於德川道中相遇, 題其詩卷曰, "爾自西來我亦西, 春風一杖路高低, 何年明月逍遙寺, 共聽東林杜宇啼." 香山逍遙余所愛玩者, 尤於此詩不忘也. 惜乎之人也, 以如此之才, 而不成一名而早夭也. 其舅德川郡守, 乃余妻祖考申汝樑也.

(於于野談, 102~104쪽)

6 이 시는 『총계당시집』에 「여인(與人)」이란 제목으로 실려 있고, "민간에서 사용되는 말과 글을 써서 시를 지었으니, 그가 말을 했다하면 문장이 되었던 것이 이와 같다[用俗間書辭爲詩, 其發言成章如此]."란 주석이 있다.

○ 정지승의 자는 자신子愼이고, 호는 총계당叢桂堂이다. 다른 호는 회계산인會稽山人이다. 본관은 온양溫陽이다. 아버지는 담礑이고 백부伯父는 호가 북창北牕이다. 북창은 청진淸眞하고 충허冲虛하였는데, 유불도 삼교三敎에 모두 밝았다. 숨어 지내기를 좋아하여 세상에서 이인이라고 일컫는 사람이었다. 정지승의 모습은 환하였고 시를 잘 지었다. 오봉五峯 이호민李好閔・백호白湖 임제林悌와 더불어 노닐었는데, 이름이 그들보다 더 났다. 용담현龍潭縣에 살면서 항상 큰 거북이를 타고 다녔는데, 타기를 멈추면 거북이 스스로 바위틈에 몸을 숨겼다. 등 위에 구름 기운이 서려 있었으므로, 그 종이 문득 자취를 찾아서 끌고 왔다. 정지승이 죽으려고 할 때에 거북이가 뜨락을 배회하며 울었는데, 그 소리가 마치 천둥이 치는 것과 같았다. 집 주변에 제단을 마련하고 하늘에 제사를 지냈는데 매우 신비스러웠다. 정상에 소나무 한 그루가 있는데, 지금까지도 총계자叢桂子가 제사를 지내던 곳이라 전한다. 우계牛溪 성선생成先生이 말하기를, "정공이 어찌 시인일 따름이랴? 그의 학문은 정미하고 역량은 웅위하니, 대개 제갈공명諸葛孔明과 왕경략王景略의 아류流亞이다."라고 하였다. 그 손자에 두경斗卿이 있는데, 호는 동명東溟이다. 그도 또한 시로 이름이 났다.

鄭之升字子愼號叢桂堂, 又號會稽山人, 溫陽人. 父礑其伯父號北牕, 北牕淸眞冲虛, 明三敎, 好棲逸, 世所稱異人者也. 之升狀貌瑩然, 善爲詩, 與李五峯好閔・林白湖悌遊, 名出其上. 居龍潭縣, 常騎大龜而行, 止則龜自藏巖石間, 背有雲氣覆之, 其奴輒跡而牽, 至之升將歿, 龜徘徊庭際, 鳴聲如雷. 宅畔設臺祭天甚縹緲, 頂有一松, 至今傳叢桂子設醮所. 牛溪成先生曰, "鄭公豈詩人而已? 其學精微而力量雄偉, 盖諸葛孔明王景略之流亞也." 其孫曰, 斗卿, 號東溟, 亦以詩名.

(成海應, 『研經齋全集』 卷之五十五 「草榭談獻」 二 「鄭之升 · 李之蕃」)

○ 이남李楠은 청주사람으로 서고청徐孤青[7]의 제자이다. 또 토정土亭[8]을 좇아 노닐었다. 몸을 깨끗이 하여 행실이 뛰어났지만, 이름을 숨기고 세상을 피해 살았다. 정지승 어른이 난을 피해 금산의 산곡 가운데에 피해 있었는데, 음식을 먹지 못해 죽으려 하였다. 이남이 쌀 수십 말과 술 한 되를 보내면서 그 아들에게 서둘러 가라고 하면서 "늦게 가면 아무 소용이 없다."고 하였다. 그 아들이 그곳에 가니 과연 온 집안사람들이 며칠 동안 굶어 일어나지를 못하였다. 술을 따라 주고, 죽을 쑤어 먹이니 집안사람들이 온전하게 되었다. 뒤에 이남은 그 사례를 받으려 하지 않았다. 우복愚伏 정경세鄭經世[9]가 그 이름을 듣고 스스로 청주淸州에 와서 보려고 하였지만, 이남은 끝내

7 서고청(徐孤靑) : 조선의 학자 서기(徐起). 본관은 이천(利川). 자는 대가(待可), 호는 고청초로(孤靑樵老) · 구당(龜堂) · 이와(頤窩). 구령(龜齡)의 아들이다. 서경덕(徐敬德) · 이중호(李仲虎) · 이지함(李之菡)을 사사하였다. 어려서부터 학문에 전념하여 제자백가(諸子百家)는 물론 기술의 이론까지 통달하였으며, 선학(禪學)을 좋아하였다. 특히, 이지함을 만나면서 비로소 유학(儒學)이 정도(正道)임을 깨닫게 되었다. 홍주(洪州)와 지리산 · 계룡산 근처로 거처를 옮겨다니면서 오로지 학문과 강학에만 전념하였다. 저서로는 『고청유고(孤靑遺稿)』가 있다.(한국민족문화대백과, 한국학중앙연구원)

8 토정(土亭) : 조선 선조 때의 학자 이지함(李之菡 : 1517~1578)의 호. 자는 형중(馨仲) · 형백(馨伯). 호는 토정(土亭) 수산(水山). 벼슬은 포천(抱川), 아산(牙山)의 현감을 지냈다. 서경덕의 문인으로, 의약 · 복서(卜筮) · 천문 · 지리 · 음양에 능통하였다. 저서에 『토정비결』 등이 있다.

9 정경세(鄭經世) : 조선 중기의 성리학자(1563~1633). 자는 경임(景任). 호는 우복(愚伏) 일묵(一默). 유성룡의 문인으로, 성리학에 밝았으며 예론(禮論)에 뛰어나 김장생 등과 함께 예학파로 불리었다. 저서에 『우복집(愚伏集)』, 『사문록(思問錄)』, 『상례참고(喪禮參考)』 등이 있다.

만나지 않았다. 이남이 죽은 뒤에 그 아들 무죽茂竹이 청주의 청천현青川縣 묵정리墨井里에 살았는데, 나이가 거의 80이 되었다고 한다.

李枏者, 淸州人, 徐孤青弟子也. 又從土亭遊, 潔身獨行, 藏名遁世者也. 鄭之升丈, 避亂錦山山谷中, 不得食將死, 枏遺數斗米, 一榼酒, 戒其子促行曰, "遲則無及矣." 其子至則果闔家飢餓, 不能起已數日, 卽解其酒, 先灌之, 爲粥以食之, 家得全, 後枏不受其謝. 愚伏公聞其名, 至淸州求見之, 枏不見也, 枏死之後, 其子茂竹, 居淸州之青川縣墨井里, 年幾八十云.

(『記言』「別集」卷之二十六「遺事」李枏事)

○ 이남李楠은 청주사람으로 고청孤青 서기徐起의 무리이다. 토정土亭 이지함李之菡을 좇아 노닐었다. 몸을 깨끗이 하여 행실이 뛰어났지만, 이름을 숨기고 세상을 피해 살았다. 정지승은 이름난 선비이나. 병화를 피해 금산의 산곡 가운데에 피해 있었는데, 이남을 그 이야기를 듣고 쌀 수십 말과 술 한 되를 보내면서 그 아들에게 서둘러 가라고 하면서 "늦게 가면 아무 소용이 없다."고 하였다. 그 아들이 그곳에 가니 과연 온 집안사람들이 며칠 동안 굶어 일어나지를 못하였다. 술을 따라 주고, 죽을 쑤어 먹이니 집안사람들이 온전하게 되었다. 우복愚伏 정경세鄭經世가 그 이름을 듣고 스스로 청주淸州에 와서 보려고 하였지만, 이남은 끝내 만나지 않았다.

李楠, 淸州人, 孤青徐起之徒也. 又從土亭李之菡遊, 潔身獨行, 藏名遯世. 鄭之升名士也, 避兵錦山山谷中, 楠聞之, 遺米數斗酒一榼,戒其子促行曰, "遲則不及矣." 其子至則果闔家飢數日不能興, 卽灌以酒, 爲粥以食之, 家得全. 愚伏鄭經世聞其名, 自至淸州求見之, 楠終不見也.

(成海應, 『硏經齋全集』 卷53 「逸民傳」)

○ 우리나라에서는 총계당叢桂堂 정지승鄭之升이 일찍이 용담龍潭의 회계산會稽山에 가 있었는데, 높이와 넓이가 여러 자 되는 신령스런 거북이 초당 뒤에서 나와서 섬돌 앞에 엎드렸다. 그래서 쇠로 된 고리로 양 옆을 꿰어서 때때로 타고 다녔다. 타기를 마치면 바위 골짜기에 물러가 숨었다. 그 거북이는 숨을 쉬면 구름을 만들기 때문에 그것이 어디에 있는지를 안다. 하루는 뜰 가를 배회하다가 크게 천둥이 치듯이 울다가 시간이 흐르자 어디론가 가버렸는데, 이날 총계당이 돌아갔다. 이 거북이라는 것이 혹 신령스런 두꺼비인데 세상 사람들이 잘 모르고 거북이라고 한 것인가? 어떤 사람이 말하기를, "그렇지 않다. 『포박자抱朴子』의 논의와 『본초本草』의 설을 상고하면, 이것은 반드시 거북이일 것이다. 사람이 잡아다가 부렸다는 것에 대해서는 내가 인정하기 어렵지만, 『포박자』와 『본초』의 설에 대해서 내가 어찌 홀로 견해가 없겠는가? 【『포박자』에 '신령스런 거북은 다섯 가지 색이 있는데, 색이 옥과 같은 것은 등은 음이고 얼굴은 양이다. 위가 불룩한 것은 하늘을 본뜬 것이고, 아래가 평평한 것은 땅은 본받은 것이다. 운을 바꾸어 사시에 응한다. 뱀 머리에 용의 목을 가졌다. 왼쪽 눈동자는 해를 본뜨고, 오른쪽 눈동자는 달을 본떴다. 길흉과 존망의 변화에 대해서 알았다'고 했다. 또 말하기를, '거북이는 천년을 사는데 사람과 말을 할 수 있다'고 하였다.

『본초』에서는 '산 거북이 가운데 큰 것은 사람이 등 위에 올라타도 사람을 태우고 갈 수 있다'고 하였다. 『예문유취藝文類聚』에서는 '저 선생褚先生으로 이름난 거북이를 얻은 자는 재물이 집에 들어오는데 반드시 큰 부자가 된다. 하나는 북두구北斗龜이고, 두 번째는 남신구南辰龜이고, 세 번째는 오성구五星龜이고, 네 번째는 팔풍구八風龜이고, 다섯 번째는 이십팔수구二十八宿龜이고, 여섯 번째는 월구月龜이고, 일곱 번째는 왕구王龜이고, 여덟 번째는 구주구九州龜이다'라고 하였다.】 그렇다면 어떤 사람의 말이라는 것 또한 억설이 아닌 것이다. 거북이라고 하든 두꺼비라고 하든 어지 그 시비를 충분히 가릴 수 있겠는가?" 하였다. ○ 정지승鄭之升은 자가 자신子愼이고, 호는 총계당叢桂堂이며, 본관은 온양溫陽이다. 시로 세상에 이름이 드러났으며, 겸하여 신선술을 수련하였으니, 북창北窓의 후손이다. 삼연三淵 김창흡金昌翕 선생이 말하기를, "총계당叢桂堂은 곧 동명東溟의 할아버지이고, 북창의 손자(조카)이다. 용담에 살 때 항상 큰 거북이를 타고 다녔다. 쉴 때는 바위 사이에 두었는데, 구름이 그 등을 덮었다. 사내종이 발자국을 따라가서 끌고 왔다."라고 하였다. 이것으로 보아 그가 속된 선비가 아님을 알 수 있다. 그가 남긴 터가 남쪽에 있는데, 대의 이름을 제천이니, 이는 총계자의 제문에 나오는데, 총계자가 초례를 베풀고 북두성에 제사를 지내던 곳이라 한다.

我東叢桂堂鄭之升, 嘗往龍潭會稽山. 有神龜, 高廣數尺, 出自草堂後, 來伏階前. 因以鐵環穿其兩旁, 有時騎行, 止則退隱巖谷, 吐氣成雲, 以此識其去處. 一日徘徊庭畔, 鳴如巨雷, 移時而去, 是日卽叢桂歸化之日也. 此或靈蟾, 而世人不知, 而認作爲龜歟. 或曰, "不然, 以『抱朴』之論·『本草』之說考之, 此必龜也, 人旣執拗, 則愚不敢左祖, 而『抱朴』·『本草』之說, 余何獨無見耶. 【『抱朴子』, 靈龜五色, 色如玉[10], 背陰面陽, 上隆象天, 下平法地, 轉運應四時, 蛇頭龍頸, 左睛象日, 右睛象月, 知吉凶存亡之變. 又曰, 龜千歲, 能與人言. 『本草』, 山龜之大者, 人立背上, 可負而行. 『藝文類聚』, 褚先生,[11] 能得名龜[12]者, 財物歸家, 必大富, 一曰北斗龜, 二曰南辰龜, 三曰五星龜, 四曰八風龜, 五曰二十八宿龜, 六曰月龜, 七曰王龜, 八曰九州龜.】 然則或者之說, 亦不是臆說也. 曰龜·曰蟾, 何足深辨其是非耶." ○【鄭之升, 字子愼, 號叢桂堂, 溫陽人, 以詩鳴於世, 兼修煉仙化, 卽北窓之後孫也, 三淵金先生昌翕[13]曰, "叢桂堂,[14] 卽東溟之祖, 北窓之孫也, 居在龍潭, 常騎大龜而行, 休則置巖間, 雲蓋其背, 奴輒跡而牽來." 以此知非俗士也, 其遺基南, 有臺曰祭天, 是叢桂祭文, 是叢桂子設醮步罡之所云.】

(李圭景, 『五洲衍文長箋散藁』「靈蟾辨證說」)

○ 상사上舍 정지승鄭之升이 시를 잘했는데 임자순林子順의 무리가 매우 그를 추장하였다. 세상에는 다음과 같은 한 편의 시가 전한다.

풀에는 왕손의 한이 스며 있고,
꽃에는 두견이의 근심이 서려 있네.

10 『五』로 되어 있는데, 彭大翼 撰 《山堂肆考 卷225 · 象日象月》을 참고하여 고쳤다.

11 褚先生 : 『褚先生曰』부터 『八曰九州龜』까지는 祝穆 撰 《古今事文類聚 後集 卷35 · 龜》에 보인다.

12 『寶』로 되어 있는데, 《古今事文類聚》에 근거하여 고쳤다.

13 '集'으로 되어 있는데, 문의(文義)에 따라 고쳤다.

14 '叢桂堂'부터 '以此知非俗士也'까지는 김창흡(金昌翕), 『삼연집(三淵集)』 권14에 보인다.

강가에는 사람은 보이지 않고,
바람에 목란배만 일렁이고 있네.

草入王孫恨, 花添杜宇愁.
汀洲人不見, 風動木蘭舟.

「중을 보낸다送僧」라는 시는 다음과 같다.

그대는 서쪽에서 오고 나도 또한 서쪽으로 가는데,
봄바람에 지팡이 하나 길은 오르락내리락 하네.
어느 날 밝은 달 아래 절에서 이리저리 거닐며,
함께 동쪽 숲에서 두견이 우는 소리 들을 것인가?

爾自西來我亦西, 春風一杖路高低.
何年明月逍遙寺, 共聽東林杜宇啼.

또 한 연聯은 다음과 같다.

객이 떠나 문을 닫고 나니 달빛만 남아,
꿈 깬 빈 누각에는 솔바람 소리만 들려온다.

客去閉門惟月色, 夢廻虛岳散松濤

그의 전집을 볼 수 없는 것이 한스럽다. 지승之升의 자는 자신子愼

이고, 호는 총계叢桂이며, 본관은 온양溫陽이다. 정렴鄭磏의 조카로 벼슬은 하지 않았다.[15]

鄭上舍之升善詩, 林子順輩甚推獎之. 世傳一詩曰, '草入王孫恨, 花添杜宇愁. 汀洲人不見, 風動木蘭舟.' 送僧詩曰, '爾自西歸我亦西, 春風一杖路高低. 何年明月逍遙寺, 共聽東林杜宇啼.' 又一聯曰, '客去閉門惟月色, 夢廻盧岳散松濤.' 恨不見其全集. 之升字子愼, 號叢桂, 溫陽人, 磏之從子, 不仕.

(許筠, 『惺所覆瓿藁』 卷26 附錄 1 『鶴山樵談』)

○ 처사處士 정천유鄭天遊 지승之升이 시로 세상에 이름을 날렸는데, 그의 숙부 고옥古玉 작碏이 일찍이 그의 재주가 절등하다고 하며 말하기를, "'봄이 오려하니 새가 울고, 비가 무정하게 내리니 꽃이 진다鳥啼春有意, 花落雨無情'라 한 것은 신선들이나 하는 말이 아닌가?"라고 하였다. 나의 소견으로는 위 구절은 어린아이들이 읊는 연구에 가깝다. 고옥이 이것을 들어 칭찬한 것은 이해할 수 없다. 임백호林白湖가 일찍이 천유의 다음 절구시를 외우며, 근세의 절창이라고 생각하며 자신은 그에게 미칠 수 없다고 여겼다는데, 이것을 보니 과연 그렇다고 할 수 있다.

풀에는 왕손의 한이 스며 있고,
꽃에는 두견이의 근심이 서려 있네.

15 이 번역은 한국고전번역원의 것을 인용하였다.

강가에는 사람은 보이지 않고,
바람에 목란배만 일렁이고 있네.

草入王孫恨, 花添杜宇愁.
汀洲人不見, 風動木蘭舟.

천유는 본래 낙양洛陽[16] 사람인데, 어렸을 때부터 세상에서 뜻을 얻지 못하고, 용담龍潭의 첩첩 산속에 기거할 곳을 정한 뒤에, 초당草堂을 지어 총계叢桂라고 편액을 달고 여기에서 생애를 마쳤다.

鄭處士天遊之升 以詩鳴於世, 其叔父古玉碏嘗稱其才調絶等曰, "'鳥啼春有意, 花落雨無情'者, 非仙語乎?" 以余所見, 上句近兒童所誦聯句, 古玉之擧是爲言, 未可曉也. 嘗聞林白湖誦天遊一絶句曰, "草入王孫恨, 花添杜宇愁. 汀洲人不見, 風動木蘭舟." 爲近世絶唱, 自以爲不可及, 是則果然矣. 天遊本洛陽人, 年少時不得於世, 卜地龍潭萬疊山中, 結草堂, 顏以叢桂, 遂終焉.

(梁慶遇, 『霽湖集』 卷9「詩話」)

16 낙양(洛陽) : 조선의 서울 한양(漢陽)을 말한다.

諸家 交遊詩

자진子眞을 못 본지 오래 되었으니,
그리운 생각을 어찌 그칠 수 있으랴?
강산은 글 잘하는 사람도 근심스럽게 하고,
천지는 텅 빈 배를 띄운 것과 같다네.
세속에 응한 새로운 모습 부끄러워서,
스님을 만나 옛날 놀던 이야기 했네.
벼슬살이가 이 몸을 꽁꽁 묶어서,
홀로 한강의 누대를 지나왔다오.

-僧卷 次鄭之升韻

중의 시권에 실린 정지승의 시에 차운함*
僧巻 次鄭之升韻*

임제

자진子眞[1]을 못 본지 오래 되었으니,
그리운 생각[2]을 어찌 그칠 수 있으랴?
강산은 글 잘하는 사람도 근심스럽게 하고,
천지는 텅 빈 배를 띄운 것과 같다네.
세속에 응한 새로운 모습 부끄러워서,
스님을 만나 옛날 놀던 이야기 했네.
벼슬살이가 이 몸을 꽁꽁 묶어서,
홀로 한강의 누대를 지나왔다오.

* 이하 임제의 『임백호집』에 수록된 시의 번역과 주석은 『역주 백호전집』 상・하(신호열・임형택 역주, 창작과 비평사, 1997)의 것을 참고함.

* 이 시는 다음의 「題奉恩寺上人詩軸」이라는 시에 차운 것이다. "호우에서 옛날에 만났던 적이 있는데, 숲 속에서는 여전히 쉬지를 않네. 상방에 달 뜰 적에 종은 울리고, 광릉에 배를 타고 나그네는 건넌다. 술을 잡고 근심 속의 흥을 달래보고, 스님으로 인하여 물외에 노니네. 하늘의 바람은 바야흐로 거세게 몰아치고, 산 빛은 이층 누대에 가득 비치네[湖右舊相識, 林中仍未休. 鐘鳴上方月, 客渡廣陵舟. 把酒愁邊興, 因師物外遊. 天風正搖落, 山色滿層樓]."

1 자진(子眞) : 한(漢)나라 사람 정박(鄭樸)의 자가 자진(子眞)인데 곡구(谷口)에 은거하여 도를 닦아 이름이 높았다. 그래서 뒤에 정씨 성을 가진 사람에게 쓰는 말로 되었다.

2 정운(停雲) : 도잠(陶潛)이 지은 시에 「정운(停雲)」 4수가 있다. 이 시는 친한 벗을 생각하는 뜻이 담겨 있는 것이다.

不見子眞久, 停雲思可休.

溪山愁健筆, 天地泛虛舟.

應俗羞新態, 逢僧說舊遊.

簪纓縻此物, 獨過漢江樓.

(林悌, 『林白湖集』 卷1)

춘초정*에 묵으며
宿春草亭

임제

이슬은 나들이옷에 차고 술기운 가셨는데,
강가 누각에 홀로 기대 파도소리 듣는다네.
거문고 두세 가락 채현彩絃이 뻣뻣한데,
숲에 가득 가을바람 불고 강의 달 높이 떴네.

露濕征衫酒暈消, 獨憑江閣聽寒濤.
瑤琴三弄彩絃澁, 滿樹西風江月高.

(林悌, 『林白湖集』 卷2)

* 춘초정(春草亭) : 북창 정렴(鄭磏)의 아우인 정현(鄭礥)의 정자이다. 정현은 자가 경서(景舒), 호는 만죽(萬竹)이며, 본관은 온양(溫陽)이다. 두 형(정렴, 정작)과 더불어 시를 잘 지어 이름을 떨쳤다.

정자신의 시에 차운하여
次鄭子愼韻 名之升

임제

1

온 동산의 꽃과 대는 모두 다 진여眞如이고,
속세에 글귀 찾는 그 업보는 아직 벗지 못했네.
푸른 못에는 외로운 달 도장이 찍혀 있으니,
구담瞿曇[1]의 팔만 장경을 가리고도 남겠네.

一園花竹摠眞如, 索句塵寰業未除.
碧潭夜印孤輪月, 掩却瞿曇八萬書.

1 구담(瞿曇) : 구담은 석가모니(釋迦牟尼)의 성(姓)인 'gautama'의 음역(音譯)으로 불교를 가리킨다.

2

강남에서 몹시 그리워하는 병든 사마상여司馬相如[2]는,

묵은 한과 새 시름 답답하게 풀길이 없도다.

지금 회계會溪 땅에서 편안히 지내시는지요?

봄바람 불 제 서울서 보낸 서신을 일찍 보았다오..

江南苦憶病相如, 舊恨新愁鬱未除.

今在會溪安穩否, 春風曾見洛陽書.

(林悌, 『林白湖集』 卷2)

2 병든 사마상여(司馬相如) : 사마상여가 결핵병을 앓았었기 때문에 붙여진 말로 시인 자신을 지칭하고 있다.

정자신을 그리며
懷鄭君子愼

임제

3년 동안 회계의 사람을 보지 못하니,
바로 북쪽에 머문 구름 자주 눈에 들어오네.
하물며 그리는 맘에 저문 봄을 만났으니,
꽃 지는 비바람에 마음 곱절로 아프다.

三年不見會溪人, 直北停雲入望頻.
況是相思屬春暮, 落花風雨倍傷神.

(林悌, 『林白湖集』 卷2)

춘초정에 붙여 정자는 곧 정현*의 정자이다
題春草亭 亭乃鄭礥亭也

임제

시인의 맑은 수심 살쩍 가에 가득한데,
정자의 봄풀 보니 곱절이나 서글퍼라.
연기낀 물결 치고 갈 배[1] 없어 한스러운데,
아직 북두성에 비치는 칼[2] 남아 있네.
분명한 산색은 맑은 날 문에 비쳐들고,
새하얀 강빛은 밤에 하늘과 닿아 있네.
생각해 봐도 공명을 이룰 몸이 아니니,
조만간 신선세계에서 낚싯배나 수리하리.

騷客淸愁滿鬢邊, 一亭春草倍凄然.
恨無鷁首衝煙浪, 尙有龍文射斗躔.
岳色分明晴入戶, 江光虛白夜連天.
思量不是功名骨, 早晩滄洲理釣船.

(林悌, 『林白湖集』 卷3)

* 정현(鄭礥) : 자는 경서(景舒), 호는 만죽(萬竹), 본관은 온양(溫陽), 북창(北窓 : 이름 磏)의 아우인데 역시 시로 명성이 있었다.

1 원문의 익수(鷁首)는 뱃머리. 곧 배를 가리킴. 옛날 뱃머리에 익조(鷁鳥)의 모양을 그려놓은 데서 나온 말이다.

2 원문의 용문검(龍文劍)은 용 모양의 무늬를 새긴 칼.

정자신 지승에게 부침
寄鄭子愼之升

임제

총계叢桂[1]에 구름 떠가고 물은 부질없이 흐르는데,
비틀비틀 왕손王孫이 여기 와서 노닌다네.
지전芝篆[2]의 옛 책은 애오라지 넘쳐나고,
자갈밭의 가을걷이도 족히 머물만 하다네.
아이는 약을 파느라 항상 늦게 돌아오고,
짝은 진眞을 찾아 홀로 그윽한 데로 가네.
대동강 가의 외론 배 있던 곳 그리워 하니,
푸르고 푸른 봄풀이 물가에 가득하리.

白雲叢桂水空流, 偃蹇王孫耐此遊.
芝篆古書聊汎濫, 石田秋事足淹留.
山僮賣藥歸常晩, 仙侶尋眞去獨幽.
浿上孤舟相憶處, 萋萋春草滿汀洲.

(林悌, 『林白湖集』 卷3)

1 총계(叢桂) : 정지승이 자기 당호(堂號)를 총계당(叢桂堂)이라 하였기 때문에 쓴 것이다.

2 지전(芝篆) : 남제(南齊) 소자량(蘇子良)이 편찬한 고문(古文)의 글씨 52종의 하나로 지영(芝英)이 들어가 있는데 지영서라고도 부른다. 지전(芝篆)은 곧 이를 가리키는 것이 아닌가 한다. 이 구절은 옛날 서체의 필첩들이 있어 때로 감상할 만하다는 뜻이다.(임형택 역, 『임백호시집』)

정자신을 보내며
送鄭子愼

임제

푸른 놀 기이한 기운 회계會溪의 늙은이,
약 팔고 산으로 돌아옴에 지팡이 하나뿐이라네.
향내 나는 총계당叢桂堂의 서가에 책이 가득하고,
눈이 개인 바위 길에는 사슴 발자국을 남겼네.
천단天壇[1]에 달이 차니 신령한 피리소리 울려나고,
운대雲碓[2]에 얼음 깊어 산각의 밤 방아소리 들린다.
응당 벼슬살이에 매였던 옛 친구들 생각할 것이니,
10년 동안 아직도 금성禁城[3]의 종소리를 듣는다네.

青霞奇氣會溪翁, 賣藥還山只一筇.
香縷桂堂書滿架, 雪晴巖逕鹿留蹤.
天壇月冷生靈籟, 雲碓氷深閣夜舂.
應念故人羈宦久, 十年猶聽禁城鍾.

(林悌, 『林白湖集』 卷3)

1 천단(天壇) : 제왕이 하늘에 제사지내는 제단을 말한다.
2 운대(雲碓) : 운대는 계곡에 물이 떨어져 형성된 절구 모양의 곳을 지칭하는 말.
3 금성(禁城) : 궁궐을 가리키는 말

정자신에 대한 만사
挽鄭子愼

이호민李好閔

사십년 전에 을밀대의 그늘에서,
마음이 맞아 바둑과 거문고를 즐겼네.
이야기하는 동안의 시원한 풍도는 더위를 씻어주고,
붓 아래 맑은 시는 이제까지 보지 못했던 것이라네.
골짜기 입구에서 밭 갈며 사는 일 시원치 않아,
자고새 우는 것 그치자 성대한 이름도 묻혀버렸네.
이듬해 봄에 만약 성곽의 길을 지난다면,
유신의 문 앞은 초목만이 깊었으리라.

四十年前乙密陰, 却將心契托棋琴.
談間爽韻能蠲暑, 筆下淸詩未見今.
谷口耕來生事拙, 鷓鴣吟斷盛名沈.
明春倘過方城路, 庾信門前草木深.

(李好閔, 『五峯集』 卷4)

회계의 산인 정지승에게 부침 두 수
寄會溪鄭山人之升* 二首

이호민李好閔

1

나그네로 강남에 있으면서 자는 것 먹는 것 어떠한가?
골짜기 안의 바람 기운도 또한 응당 차이가 있으리.
올해의 여름비는 산의 밭에 나빴는데,
중양절 가을 서리에도 들국화는 곱게 피었네.
도연명은 가련하게도 누런 꽃을 땄고,
왕홍은 백의를 시켜 말 술을 보내왔네.
이제까지는 귀하게 양군이 보내왔는데,
다만 시고 추워서 그것을 얻을 수 없네.

客寓江南眠食何, 峽中風氣也應差.
今年夏雨山田惡, 卽日秋霜野菊花.
彭澤可憐黃蘂摘, 按廉能送白衣多.
向來珍重梁君報, 秪得酸寒不得佗.

* 원시에 다음과 같은 주가 있다. "취미(翠微)는 정씨 집안의 누대이름이다. 당시에 임자순(林子順 · 林悌)이 고산찰방으로 있었다[翠微, 卽鄭家臺名, 時林子順, 作高山察訪]."

2

가을 뒤의 이별의 마음 가늘 수 없는데,
구름 속 기러기 천리를 날며 슬픔에 젖네.
거문 거문고 강사에서 놀며 다시 즐길 수 있고,
붉게 물든 나무를 취미를 나오며 부질없이 바라본다.
높은 산에서 노니노라니 말이 힘들어 하고,
곡구에서 몸소 밭 갈자니 벼이삭이 드므네.
먼지 속에서 나를 돌아보니 배고픈 사마상여 같아,
즐거운 마음 얻는 것이 옛날과 같네.

秋後離懷不自持, 雲鴻千里結長悲.
玄琴可復遊姜寺, 紅樹空瞻出翠微.
游窟高山鞍馬苦, 躬耕谷口稻杭稀.
塵中顧我窮司馬, 能得歡情似曩時.

(李好閔, 『五峯集』 卷4)

금강에서 정자신과 이별함
錦江別鄭子愼

이달李達

한 그루의 팥배나무 잎사귀가,
바람에 날려 뜰에 가득 떨어졌네.
내일 아침이면 금강을 건너가면서,
근심스레 푸른 저녁 산을 마주하리.

一樹棠梨葉, 風吹落滿庭.
明朝錦江水, 愁對暮山青.

(李達, 『蓀谷詩集』 卷5)

정자신 지승에게 줌
贈鄭子愼之升

성혼成渾

정자신이 산 속 깊은 곳에 집을 짓고 거문고 타며 책을 읽었으니, 밖에서 구할 것이 없었다. 이 때문에 뜻이 호방하면서도 편안해지고 격조는 맑고 건강해져서, 헤아릴 수 없이 좋은 바가 있다. 극도로 경탄해 마지않으며, 졸구를 써서 돌려보냈다.

시가 다한 것에 아랑곳없이 기는 절로 호방해져서,
흥이 나서 붓을 잡으니 물은 넘실거린다.
구름을 우습게 여기는 구절[1] 주체할 길이 없어,
시선이 사는 산에서 높은 곳을 차지하였네.

1 한(漢)나라 사마상여(司馬相如)가 지은 대인부(大人賦)를 가리킨다. 그는 일찍이 무제(武帝)를 위해 대인부를 지었는데, 이 글이 하늘 높이 올라 구름을 능멸하는 기상이 있고 천지 사이에서 노니는 듯한 의취가 있다 하여 능운부(凌雲賦)라 부르기도 한다. 후세에 이 말은 문장을 자유로이 구사하고 재기가 비범한 것을 비유하게 되었다.《史記 卷117 司馬相如列傳》

不坐詩窮氣自豪, 興來拈筆水滔滔.

無由咀破凌雲句, 參得仙山地位高.

鄭子愼 結廬於萬山之中, 彈琴讀書, 足以無求於外, 是以其志豪而逸, 其調淸以壯, 有不可窺斑者, 敬嘆之極, 書拙句而還之, "不坐詩窮氣自豪, 興來拈筆水滔滔. 無由咀破凌雲句, 參得仙山地位高."

(成渾, 『牛溪集』『續集』 卷1)

찾아보기

옮긴이 윤호진尹浩鎭

1957년 경기도 남양주 출생
국민대학교 한문학과 졸업
한국정신문화연구원(현 한국학중앙연구원) 한국학대학원 석사과정 졸업(문학석사)
성균관대학교 대학원 한문학과 박사과정 졸업(문학박사)
경상대학교 한문학과 전임강사, 조교수, 부교수, 교수(1990~현)
미국 애리조나 주립대학교 방문학자(2009.9~2010.02.)
영국 셰필드대학 방문교수(2001.3~2002.2)
중국 무한대학 방문학자(1996.3~1997.8)

논문
「서정 한시의 의미표출양상에 관한 연구」(박사학위논문) 외 50여 편

역서
『조선부』 외 30여 권

叢桂堂
詩集

초판1쇄 발행 2015년 10월 30일
초판2쇄 발행 2016년 7월 12일

지은이 鄭之升 **옮긴이** 尹浩鎭

펴낸이 홍종화
편집주간 박호원
편집 · 디자인 오경희 · 조정화 · 오성현 · 신나래 · 이효진
남도영 · 이상재 · 남지원 · 이서유
관리 박정대 · 최기엽
펴낸곳 문예원 **출판등록** 제317-2007-55호
주소 서울 마포구 대흥동 337-25 **전화** 02) 804-3320, 805-3320, 806-3320(代) **팩스** 02) 802-3346
이메일 minsok1@chollian.net, minsokwon@naver.com
홈페이지 www.minsokwon.com

ISBN 978-89-97916-51-1 93810

이 도서의 국립중앙도서관 출판시도서목록(CIP)은 서지정보유통지원시스템 홈페이지(http://seoji.nl.go.kr)와
국가자료공동목록시스템(http://www.nl.go.kr/kolisnet)에서 이용하실 수 있습니다. (CIP제어번호 : CIP2015027237)